AF449911

Luciano Lima

SANT'AGOSTINO

IL COMPLESSO EDIPICO DI UN VESCOVO PECCATORE

Accademia
Sant'Agostino. Il complesso edipico di un Vescovo peccatore
di Luciano Lima
prima edizione: dicembre 2021
© *2021,* Santelli editore

Gruppo Editoriale Santelli

Santelli editore
Via Pietro Calamandrei, 1
Cinisello B., Milano, 20092
391.4602257
info@santellieditore.it
www.santellieditore.it

PREMESSA

Cosa altro scrivere di un Santo intellettuale del quarto secolo dell'era cristiana seguace di Cicerone, retore africano dottore della Chiesa?

Sicuramente niente se l'approccio critico a questo personaggio è di carattere filosofico e teologico perché nel corso di tanti secoli si è analizzato e chiosato in tutte le direzioni del complesso mondo del pensiero teologico e filosofico di Sant'Agostino di Tagaste.

La riluttanza a scrivere qualcosa ancora su questo personaggio potrebbe scaturire dal timore o consapevolezza del rischio di ferire la sensibilità religiosa se il taglio espositivo si dovesse allontanare dall'intento agiografico o celebrativo essendo tale personaggio collocato nell'orizzonte della santità che in qualche modo lo protegge da indagini critiche che attengano alla sfera esistenziale e facciano emergere eventuali ombre non consone all'immagine di un Santo.

Cosa dire dunque di interessante o di attuale del mondo interiore di Sant'Agostino, uomo vero e sincero, navigatore nel suo mondo emotivo e nei tormenti esistenziali della sua esperienza di vita?

Personalmente sono stato attratto, o meglio, affascinato dalla sincerità e dal coraggio nel far conoscere al mondo intero le sue debolezze, il passato delle sue nefandezze, la difficoltà di vivere in una famiglia difficile e poi lo sforzo nel cercare un suo approdo di serenità nel mondo reale senza riuscirci, tormentato dalle frustrazioni negli affetti e dalle avversità della storia, la grande storia, quella del potere e delle invasioni barbariche.

Nonostante la distanza storica e il diverso scenario politico culturale, l'opera di scavo nella lacerata memoria di Agostino sembra appartenere agli autori del nostro tempo.

La tormentata ricerca della pace che molto probabilmente ha motivazione nel fondo delle frustrazioni della sua vita affettiva e relazionale intra familiare e poi sociale esce dalla sfera del mondo sensibile per divenire tema per l'ascesi dell'anima verso la fonte prima del creato: la nuova concezione che ha maturato sulla natura non materiale di Dio gli consente di utilizzare le idee della scuola neoplatonica, soprattutto quella di Plotino, con la tensione ascensionale verso la fonte prima dell'Illuminazione spirituale dell'Uno-Dio.

La pace vera sarà solo quella della contemplazione di Dio superando tutte le tormente e le seduzioni della sensibilità materiale.

DAL MALE ALL'INVOCAZIONE

Il viaggio introspettivo attraversa i sentieri angusti e tortuosi del mondo affettivo toccando tutto l'arco dell'esistenza di Agostino e rievoca situazioni e relazioni umane che segneranno l'orientamento culturale, affettivo, professionale e poi spirituale del futuro vescovo di Tagaste.

I sensi di colpa, le lacerazioni religiose, il suo tormento alla ricerca di verità filosofiche per scoprire l'origine del male, il dissidio interiore tra il suo mondo sensibile e la tensione spirituale, le delusioni nell'esperienza professionale a Roma e a Milano anche al servizio della Corte imperiale, le frustrazioni affettive lo spingono a desiderare un rifugio nella solitudine di un eremo e a cercare la pace.

La vera pace gli sarà offerta solo dalla ricerca e dall'ascesi verso l'illuminazione divina.

Per entrare in punta di piedi nella vita di Sant'Agostino forse è necessario partire dalla conclusione della sua opera più autentica "Le Confessioni" dove il suo sofferto anelito verso Dio si unisce al suo desiderio pastorale di indicare ai fedeli la strada della confessione dei propri limiti umani per invocare la Misericordia Divina sperando nel perdono e nella salvezza:

"Signore Dio, poiché tutto ci hai fornito, donaci la pace, la pace del riposo, la pace del sabato, la pace senza tramonto.

Tutta questa stupenda armonia di cose assai buona, una volta colmata la sua misura, è destinata a passare.

Esse ebbero un mattino e una sera. Ma il settimo giorno è senza tramonto e non ha occaso.

L'hai santificato per farlo durare eternamente.

Il riposo che prendesti al settimo giorno dopo compiute le tue opere buone assai, pur rimanendo in riposo è una predizione che ci fa l'oracolo del tuo Libro: noi pure, dopo compiute le nostre opere, buona assai per tua generosità, nel sabato della vita eterna riposeremo in te".

La ricerca della pace e del perdono è strettamente collegata alla problematica del male e del peccato.

Questi temi sono contemporaneamente problemi filosofici e teologici di carattere universale ma anche di carattere personale e psicologico che scaturiscono dalla condizione esistenziale e quindi relazionale affettiva di Aurelio Agostino.

La riflessione critica della sua esperienza esistenziale nella sua prima giovinezza ma anche infanzia lo convincono sulla ineluttabilità del male e sulla difficoltà e talvolta impossibilità per l'uomo di evitare il male.

Partendo da questa consapevolezza aderirà per un lungo periodo di tempo alla setta dei Manichei e alla concezione teologica della natura materiale di Dio caratterizzato da una sostanza benefica e da un lato tenebroso tentatore e dispensatore del Male.

Anche nell'opera "Le Confessioni" scritta quando aveva aderito alla religione cattolica e all'indomani della morte di suo figlio Adeodato confesserà il suo disgusto e la condanna per l'età dell'infanzia che forse risente del ricordo lontano ma sempre foriero di sofferenza per il clima respirato nella sua famiglia e nell'ambiente scolastico di Tagaste negli anni della sua infanzia.

"Per oscurità e oblio non è da meno di quella che vissi nel grembo di mia madre; ma se fui concepito nell'iniquità e mia madre mi nutrì nel suo grembo fra i peccati, dove mai, di grazia, Dio mio, dove Signore io, servo tuo, dove o quando fui innocente?" (Libro I par. 12)

Il problema del Male e la ricerca delle cause che lo generano sono per Agostino in primo luogo problemi psicologici personali avendo patito l'esperienza frustrante delle punizioni corporali e morali sia a scuola che in famiglia addolcite esclusivamente dal delicato conforto della madre Monica.

La durezza educativa nella scuola e la freddezza e la volgarità paterna minarono sicuramente il sentimento di autostima e le sicurezze del fanciullo che generavano pensieri auto distruttivi, creavano paure, sentimenti di colpa, deviazioni nel comportamento e percezioni conflittuali nel rapporto sociale.

Di questa fase della sua vita Agostino porterà memoria dolorosa anche nelle "Confessioni".

"Quando fanciullo mi veniva indicata come norma di vita retta l'ubbidienza a chi voleva rendermi prospero nel mondo ed eminente nelle arti linguacciute, provveditrici di onori e ricchezze false tra gli uomini.

Fui affidato alla scuola per impararvi le lettere di cui meschinello ignoravo i vantaggi; eppure erano busse se ero pigro a studiarle (…) Così fanciullo, incominciai a pregarti (Signore), soccorso e rifugio mio.

Scioglievo per invocarti i nodi della mia lingua, ti pregavo, piccoletto ma con non piccoletto affetto, che tu mi evitassi le busse del maestro; e se non mi esaudivi, non certo riguardo a me, per un fine stolto, gli adulti e persino i miei genitori, i quali non volevano che mi toccasse alcun male, ridevano dei colpi che ricevevo e che costituivano allora per me una sofferenza ingente e grave." (Libro I, cap.14).

Il piccolo Agostino prega il Signore perché gli eviti le busse, ma il Signore non interviene; così si fa strada nell'anima del fanciullo l'idea che le "busse" e il male siano accettate dal Signore Come strumento indispensabile per il futuro Bene.

Agostino si convince dunque che quel male sia necessario e legittimato persino dal sorriso dei suoi genitori!

Si potrebbe cogliere in questo ragionamento un qualche segnale della futura adesione alla teoria Manichea del Dio di sostanza materiale dotato sia di fonte benefica di luce che di natura tenebrosa malevola la cui sostanza è ontologicamente connaturata alla essenza Divina.

Prima ancora di giungere alla sistemazione ideologica filosofica, il piccolo Agostino si convince che il Male è inevitabile anche quando non è meritato.

La dialetticità Bene-Male era per Agostino esperienza di vita quotidiana avendo due figure genitoriali che nella loro convivenza esprimevano il volto del Male nella durezza e violenza del padre ma anche il volto del Bene nella sensibilità e dolcezza della madre costantemente preoccupata di addolcire e perdonare la rozza violenza di Patrizio suo marito.

"Mia madre fu dunque allevata nella modestia e nella sobrietà, sottomessa piuttosto da te (Dio) ai genitori che dai genitori a Te.

Giunta in età matura per le nozze fu consegnata a un marito che servì come padrone. Si adoperò per guadagnarlo a te, parlandogli di te attraverso le virtù di cui la facevi bella e con cui le meritavi il suo affetto rispettoso e ammirato. Tollerò gli oltraggi al letto coniugale in modo tale da non avere il minimo litigio per essi col marito (…). Le amiche, non ignare di quanto fosse furioso il marito che sopportava, stupivano del fatto che mai si fosse udito o rilevato alcun indizio di percosse inflitte da Patrizio." (Libro IX, par. 19).

Un padre furioso di cui si doveva avere paura servendolo nella totale obbedienza. È significativo che a distanza di tanti anni dalla morte del padre, Agostino non fosse disposto a chiamarlo nelle Confessioni "padre" ma "marito di sua madre" o semplicemente con il nome "Patrizio".

Potrebbe poi sembrare strano che Agostino continuerà ad ignorare il nome di "padre" anche quando Patrizio si convertirà alla religione cattolica per l'opera indefessa di sua madre: "Finalmente ti (Signore) guadagnò anche il marito negli ultimi giorni ormai della sua vita temporale" (Libro IX, par.22).

Forse questo sarà un dettaglio secondario magari di carattere stilistico.

IL PIACERE DI FARE IL MALE

Molto presto il giovanissimo Agostino scoprirà in se stesso l'esistenza anzi la coesistenza di due tendenze dell'anima: la paura del male con la ricerca esasperata di un conforto anche religioso, ma nello stesso tempo provare il piacere trasgressivo di fare il male per il solo gusto della sfida e della provocazione.

Si consolida nella sua anima il sentimento di condanna per la propria persona con il conseguente sentimento della colpa e della sua incapacità o impossibilità a non fare peccati.

Su questa base di esperienza esistenziale si innesterà in seguito con le sue future conoscenze filosofiche e teologiche la teoria dell'esistenza di un Male ontologico che agisce contro e nonostante la volontà oppositiva del singolo.

La lotta tra il bene e il male nell'età matura prenderà la strada filosofica e teologica che condurrà Agostino ad aderire per lungo tempo alle tesi della setta Manichea, ma nell'età della fanciullezza e dell'adolescenza era trasportato dal suo slancio vitale e si lasciava trascinare nell'onda del piacere e delle emozioni gioiose.

"Signore, Dio mio, peccavo contravvenendo ai precetti dei miei genitori e dei miei maestri di allora (...) La stessa curiosità mi sfavillava ogni giorno più negli occhi e mi trascinava agli spettacoli, giochi di adulti" (Libro I par.16).

La consapevolezza del peccato veniva irrobustita dalla amorevole cura e rimproveri delicati della madre la quale cercava in tutti i modi di contrastare l'esempio negativo del padre Patrizio:

"Lei si adoperava a fare di te (Signore) il mio padre in vece sua e tu l'aiutavi a prevalere sul marito, che pure serviva, sebbene fosse migliore di lui, perché anche in ciò serviva te che comunque glielo imponevi" (Libro I par.17).

La formazione etico-morale di Agostino risente fortemente di questa atmosfera di contraddizioni e intanto nella mente di Agostino si consolidava il pensiero che il "bene" fosse dovere alle autorità e obbedienza a precetti e compiti anche incomprensibili e con ciò si giustificava anche il "male" espresso da "botte" e punizioni di ogni genere, quasi che il "male" fosse lo strumento per accedere al diritto di godere del "bene".

Il giovanissimo Agostino scopre in sé il desiderio di procurare agli altri il male provando il perverso piacere di godere nella realizzazione dei misfatti senza altro scopo se non di volerli realizzare e liberare da sé l'energia nefasta ed i sensi di paura sedimentati nell'anima.

Purtroppo i meccanismi psicologici erano più complessi di quanto si potesse desiderare perché dopo la realizzazione del misfatto affiorava sempre più marcato il sentimento della colpa che aveva sicuramente la voce di sua madre.

"Giunsi a dispiacere persino a quella gente con le innumerevoli menzogne usate per ingannare il pedagogo e i maestri e genitori, tanto era il mio amore per il gioco, la mia passione per gli spettacoli frivoli e la mania di imitare gli attori.

Commisi persino qualche furto dalla dispensa e dalla tavola dei miei genitori, ora spinto dalla gola ora per procurarmi qualcosa da distribuire agli altri fanciulli che vendevano i loro giochi, sebbene vi trovassero un diletto pari al mio" (Libro I par.30).

Il ricordo delle trasgressioni e malefatte della fanciullezza inducono Agostino ad asserire che il vizio e la trasgressione sono connaturati all'uomo in tutte le stagioni della vita: ritiene infatti che non esiste l'età dell'innocenza.

"E questa sarebbe l'innocenza dei fanciulli? No, Signore, non lo è, dimmelo tu, Dio mio. E' sempre la stessa cosa che dai pedagoghi e dai maestri, dalle noci e dalle pallottoline e dai passeri si trasferisce a governatori e ai re, all'oro, ai poderi, agli schiavi assolutamente la stessa cosa" (Libro I, par.30).

Il piacere perverso del male si intensifica nella adolescenza quando Agostino cercava in tutti i modi di essere spudorato, dissoluto, in poche parole di eguagliare i malvagi temendo soprattutto di apparire vile.

Praticare il vizio costituiva titolo di merito tra i suoi compagni e tutto ciò gratificava il giovane con il potenziamento del sentimento dell'autostima.

Era giunto persino a provare il piacere per la condotta trasgressiva fine a se stessa senza alcun progetto se non quello di procurare danno ad altri.

Rubare e distruggere erano azioni apportatrici di godimento e potenziamento dell'autostima.

Questo insano e patologico desiderio verrà ricordato nelle "Confessioni" a proposito del furto di pere al quale aveva fatto seguito il piacere della distruzione del frutto della refurtiva.

Con commiserazione di se stesso Agostino ricorda che quei frutti furono colti dall'albero "al solo scopo di commettere un furto. E infatti appena accolti li gettai senza aver assaporato che la mia cattiveria, così inebriante a praticarla" (Libro II par.12).

Nell'adolescenza e prima giovinezza Agostino si convince della potenza e della ineluttabilità del Male.

Immerso nei sentimenti di colpa frutto delle lacrime e delle preghiere della madre Monica, è tuttavia prigioniero delle seduzioni della vasta gamma del vizio: ribelle e trasgressivo appaga ogni sua curiosità e seda in tutti i modi la sua bramosia sessuale, sfida i precetti appresi dalla morale religiosa di sua madre ritenuti la manifestazione del Bene al quale volle opporsi quasi sfidando Dio.

Questa fascinazione del cosiddetto "male" viene ricordata con dolore e pentimento profondo nelle "Confessioni":

"Separandomi da te (o Dio mio), dall'unità, svanii nel molteplice quando durante l'adolescenza fui riarso dalla brama di saziarmi delle cose più basse e non ebbi ritegno a imbestialirmi in diversi e tenebrosi amori.

La mia bella forma si deturpò e divenni putrido marciume ai tuoi occhi, mentre piacevo a me stesso e desideravo piacere agli occhi degli uomini" (Libro II, par.1).

Vive dunque una condizione psicologica quasi schizofrenica: è attratto fatalmente da tutto ciò che reputa il male ma si rende conto di non essere in grado di opporsi alle attrazioni dei sensi, è consapevole tuttavia che quella condizione di vita è peccaminosa ed è lacerato dai sensi di colpa e dal disprezzo della sua schiavitù.

La colpa e il peccato derivano dalla struttura etica edificata grazie all'esempio della madre che accentuava la sua riprovazione con le lacrime e le invocazioni al Signore perché aiutasse il figlio peccatore.

In quella fase della sua vita le parole di ammonimento della madre erano giudicate "ammonimenti di donnicciuola, cui mi sarei vergognato di ubbidire (...) Nella mia ignoranza procedevo a capofitto verso l'abisso tanto cieco da vergognarmi fra i miei coetanei di non essere spudorato quanto loro.

Al sentirli esaltare le loro dissolutezze e tanto più gloriarsene quanto più erano indegne, cercavo di fare altrettanto, non solo per il piacere dell'atto in sé, ma altresì della lode che ne ottenevo (...) Quando mancavo di colpe che mi uguagliassero ai malvagi, Inventavo fatti che non avevo fatto per timore di apparire tanto più vile quanto più ero innocente e di essere giudicato tanto più spregevole quanto più ero casto" (Libro II par.7).

Con raccapriccio Agostino denuncerà a posteriori il marciume della sua anima: "Oh marciume, oh mostruosità di vita, oh abisso di morte! Poté mai piacermi l'illecito per l'illecito e null'altro?" (Libro II par.14).

L'attrazione fatale del male e la consapevolezza della sua incapacità ad opporsi, lo spingeranno a cercare nella filosofia e nella teologia una qualche spiegazione fino a convincerlo della natura ontologica del Male, come una forza oscura connaturata ad una particolare divinità ossimorica nella quale coesistono le forze del Bene e della luce con le forze del Male e delle tenebre.

La teologia del Manicheismo faceva proprio al suo caso!

La teologia Manichea affievolisce i suoi perduranti sensi di colpa avendo individuato nella natura tenebrosa di questa divinità materiale la causa prima del male che prova dentro di sé e lo spinge a commettere qualunque azione nefasta e a trasgredire, per piacere, le regole sociali e morali.

Senza peccare troppo di anacronismo storico e culturale si potrebbe avanzare l'ipotesi che un'analisi psicologica del suo vissuto nascosto dell'inconscio della mente potrebbe far conoscere il ruolo affettivo svolto dal padre Patrizio, con grande carica di aggressività e conseguente frustrazione dell'anima del fanciullo Agostino.

Non è da sottovalutare pertanto il conflitto tra il bisogno di identificazione con il modello paterno e le istanze di autoaffermazione di una personalità in sviluppo sulla quale viceversa si innestava un modello etico-morale proposto dalla dolcezza materna.

Si propone appena un itinerario di studio che richiede specialisti nel campo dell'analisi del profondo.

Ma Agostino aveva bisogno di vivere la sua giovinezza liberando tutte le energie e sogni ma nello stesso tempo non sentirsi troppo in colpa e tentare di uscire dalla cappa eccessivamente moralistica e oppressiva della madre che intralciava lo slancio vitale del giovanissimo Agostino.

VITA A CARTAGINE: DAL VIZIO ALL'IMPEGNO

Nonostante le difficoltà emotive e materiali Agostino concluse la preparazione degli studi propedeutici per continuare l'itinerario formativo che lo avrebbe condotto alla professione forense: pertanto all'età di diciassette anni Si trasferì a Cartagine per imparare "l'arte del dire".

Tentazioni e divertimenti affascineranno la sua anima inquieta e trasgressiva.

"Dovunque intorno a me rombava la voragine degli amori peccaminosi (…) Amoroso d'amore cercavo un oggetto da amare e odiavo la sicurezza, la strada esente da tranelli (…) Amare ed essere amato mi riusciva più dolce se anche del corpo della persona amata potevo godere. Così inquinavo la polla dell'amicizia con le immondizie della concupiscenza, ne offuscavo il chiarore con il tartaro della libidine.

Sgraziato, volgare, smaniavo tuttavia, nella mia straripante vanità, di essere elegante e raffinato. Quindi mi gettai nelle reti dell'amore bramoso di essere preso". (Libro III par.1).

A questo proposito, alcuni commentatori (cfr. Ilasch 1980) ritengono che in questa fase della vita Agostino abbia avuto anche esperienze erotiche omosessuali.

Nel quarto libro delle "Confessioni" la lunghissima e dolorosa memoria della morte di un suo anonimo amico starebbe proprio a dimostrare il sentimento omosessuale con un suo fortissimo coinvolgimento emotivo, infatti Agostino indugia molto con le parole solo per le persone che maggiormente lo hanno piacevolmente segnato; potrebbe apparire quasi scandaloso il fatto che per il padre Patrizio non spenderà neppure una parola di memoria affettuosa anzi lo vorrebbe quasi ignorare se non cancellare!

A Cartagine è attratto dagli spettacoli teatrali ed dalle violente e sanguinarie lotte del circo sia dei gladiatori che quelle con gli animali feroci.

Lo spettacolo delle lotte cruente ed il piacere provato da lui e dalla folla urlante confermavano in Agostino l'idea che il Male avesse una sua autonoma sostanza connessa alle parti tenebrose della Divinità: il Male dunque veniva compreso con categorie filosofiche attribuendogli forza irresistibile e capacità di iniziativa perversa sulla natura umana: il male ontologico era più potente della volontà oppositiva dell'uomo.

Nonostante questa concezione filosofica e teologica che lo avvicinava alle tesi manichee, Agostino provava intimamente il richiamo severo e amoroso dell'insegnamento cristiano della madre che gli suscitava sensi di colpa e inquietudine.

A Cartagine, comunque, cominciò a dedicarsi con passione agli studi prendendo progressivamente le distanze da molti suoi compagni indisciplinati e dediti al vandalismo così frequente nella città africana.

"Ormai ero il primo della scuola di retorica e ne provavo una gioia altera e mi gonfiavo di vento". (Libro III, par.6).

I successi scolastici mentre "lo gonfiavano del vento" della vanità, lo allontanavano anche dalle cattive compagnie: "Mi piaceva talvolta la loro compagnia ma le loro imprese mi ripugnavano sempre, i disordini in cui perseguitavano spavaldamente la timidezza dei novellini e li atterrivano con le loro burle non altro intese che a pascere la loro maligna festevolezza." (Libro III par.6).

Agostino prende dunque le distanze dal "bullismo" del tempo e si accosta con passione crescente agli studi della retorica e conoscerà le opere del grande retore romano Tullio Cicerone.

Approfondirà lo studio di un libro a noi mai pervenuto nella sua interezza "Ortensio Ortalo".

"Quel libro – scrive Agostino - devo ammetterlo, mutò il mio modo di sentire, mutò le preghiere stesse che rivolgevo a te, Signore, suscitò in me nuove aspirazioni e nuovi desideri; svilì d'un tratto ai miei occhi ogni vana speranza e mi fece bramare la sapienza immortale con incredibile ardore di cuore. Così cominciavo ad alzarmi per tornare a te (Signore)". (Libro III par.7).

Inizia dunque l'inversione di marcia della sua condotta e di ricerca di valori universali iniziando la palingenesi dell'anima tormentata partendo dal bisogno di cercare attraverso l'intelletto, la Sapienza e la verità.

Alcuni critici ritengono che il moto di ripensamento della condotta del giovane Agostino possa essere stato influenzato anche dalla morte di Patrizio, suo padre.

Sicuramente Agostino, grazie alla lettura dell'Ortensio, potrà scoprire il piacere dell'esercizio dell'intelligenza Che potrà offrire anche una prospettiva di immortalità.

È di grande impatto emotivo un breve passo dell'Ortensio: "e questa (prospettiva di immortalità) è una grande speranza per noi (…) Per noi che viviamo nella filosofia: da una parte la speranza di avere in sorte un sereno tramonto, non una molesta fine, come raggiungendo la quiete della vita (…); dall'altra (continua Cicerone) se possediamo anime immortali e divine (…) la convinzione che quanto più le anime si mantennero nel loro corso, cioè nell'orbita della ragione e del desiderio di investigare, quanto meno si lasciarono coinvolgere e implicare nei vizi e negli errori degli uomini, tanto più sarà facile per esse l'ascensione e il ritorno al cielo".

Come si vede questi concetti di Cicerone possono essere interpretabili in chiave cristiana.

L'innamoramento concettuale di Agostino per questa opera di Cicerone è come una folgorazione che lo allontana dall'amore dei sensi e lo spinge a cercare l'immortalità della Sapienza.

Agostino studiava anche Platone il quale, nell'opera del "Fedone" scrive: "Coloro che amano il sapere sanno che la filosofia, prendendo la loro anima interamente legata ai lacci del corpo e ad esso congiunta, costretta a considerare gli esseri mediante il corpo come attraverso una prigione (…) cerca di scioglierla (…)

E l'anima del vero filosofo, non ritenendo di dover contrastare questa liberazione, si astiene dai desideri, dai piaceri e dalle paure il più possibile".

Agostino è affascinato dalla lettura dell'Ortensio Ortalo. La ricerca filosofica del Sapere diviene frenetica, la sua anima è come infiammata.

"Dal suo fuoco mi accendevo in quella lettura (…) le sue parole mi stimolavano, mi accendevano, mi infiammavano ad amare, a cercare, a seguire, a raggiungere, ad abbracciare vigorosamente non già l'una o l'altra setta filosofica ma la Sapienza in sé per sé, là dov'era." (Libro III, par.8).

La filosofia comincia a fargli provare il piacere dell'anima e della ricerca della verità e in qualche modo lo allontana dai piaceri carnali, seguendo l'insegnamento dell'Ortensio di Cicerone: "un grande piacere del corpo non può coincidere con l'attività del pensare".

Agostino scoprirà tuttavia che la filosofia non dona certezze ma alimenta l'ansia della ricerca continua perché l'essenza della filosofia è lo spirito Socratico, quel "Sapere di non sapere" che la stimola a cercare perennemente, che procura anche sofferenza per l'insoddisfazione crescente di non abbracciare nessuna verità inconfutabile.

Con la filosofia non c'è un approdo e l'anima è perennemente assetata alla ricerca di un "ubi consistam"; ma Agostino ha bisogno di acquietare Le sue angosce ed il perdurante senso di colpa!

L'Ortensio di Cicerone lo affascina, lo incendia ma, come scriverà nelle "Confessioni", "una sola circostanza mi mortificava entro un incendio tanto grande: l'assenza fra quelle pagine del nome di Cristo" (Libro III, par.8).

Agostino, forse senza averne pienamente consapevolezza, stava vivendo nella sua anima il conflitto quasi edipico tra l'attività intellettiva della ricerca filosofica della verità, che alimentava il dubbio esplorativo ed il richiamo sotterraneo e sempre presente della voce suadente e rassicurante della dolcezza materna che insegnava la via della fede cristiana e gli indicava la strada della salvezza attraverso la paideia evangelica di Cristo: "Quel nome (Cristo) per tua misericordia, Signore, quel nome del Salvatore mio, del figlio tuo, nel latte stesso della madre, tenero ancora il mio cuore, aveva devotamente succhiato e conservava nel suo profondo.

Così qualsiasi opera (filosofica) ne mancasse, fosse pure dotta e forbita e veritiera, non poteva conquistarmi totalmente" (Libro III, par.8).

È ormai acclarato che la ricerca di verità che Agostino stava effettuando non poteva circoscrivere il suo orizzonte esplorativo nel solo ambito gnoseologico intellettivo, aveva piuttosto una fortissima valenza esistenziale, un coinvolgimento del mondo affettivo che evocasse la dolcezza del latte materno e del conforto che desse pace all'anima mettendo a tacere i sensi di colpa.

A questo punto Agostino decide di modificare la traiettoria degli studi "perciò mi proposi di rivolgere la mia attenzione alle Sacre Scritture per vedere come fossero" (Libro III par.9).

LA NAVIGAZIONE EMOTIVO-INTELLETTUALE: VERSO LA TEOLOGIA MANICHEA

Perché Agostino in quel determinato momento della sua vita passa dalla passione per la filosofia suggerita dal Ortensio di Cicerone alla lettura delle Sacre Scritture? Perché è ossessivo il ritorno dell'immagine di Cristo "succhiato" nella sua infanzia "nel latte materno"?

Forse sarà una coincidenza! a Cartagine Agostino si innamorò di una donna di cui non si conoscono le generalità né le qualità morali o la provenienza familiare ma di questa donna sarà fortemente indignata Monica che si opporrà in tutti i modi al proseguimento della relazione.

Nel 372 nascerà Adeodato quel bambino frutto della relazione che alcuni ritenevano scandalosa.

Ebbene questa nuova situazione di vita affettiva potrebbe aver accentuato i sensi di colpa e spingere Agostino a cercare quel volto di Cristo rappresentato da sua madre e costante punto di riferimento etico che spingeva l'autovalutazione di Agostino alla disapprovazione della sua condotta.

Quella donna, nonostante la passione e l'amore che provava, era l'espressione della sua condotta trasgressiva ed inoltre (situazione ancora più disapprovabile) la nascita del bimbo accentuava i sensi di colpa perché era vissuta come reificazione del peccato.

Sarà lo stesso Agostino a confessare in altra parte delle "Confessioni" che Adeodato era stato frutto del peccato.

In questa nuova temperie emotiva Agostino decide di rifugiarsi nelle Sacre Scritture forse per scoprire meglio Dio e cercare una qualche assoluzione per la sua condotta ritenuta peccaminosa e fonte della angoscia.

Il giovane studioso di retorica e di filosofia, abituato alla ampiezza espositiva di Tullio Cicerone, seguendo una ferrea e chiara argomentazione logica si troverà a disagio in questo primo approccio alle Sacre Scritture. La delusione la esprimerà con le seguenti frasi: "vedo un oggetto oscuro ai superbi e non meno velato ai fanciulli; un ingresso basso, poi un andito sublime e avvolto di misteri (…) Ebbi piuttosto l'impressione di un'opera indegna del paragone con la maestà Tulliana. Il mio gonfio orgoglio aborriva la sua modestia" (Libro III par.9).

Il superbo retore di Cartagine è troppo affascinato dalla "concinnitas" di Cicerone per apprezzare il linguaggio approssimativo e oscuro delle Sacre Scritture.

Molto più tardi, solo quando entrerà in contatto con Ambrogio, vescovo Di Milano, apprenderà l'arte esegetica per interpretare l'opera sacra e per estrapolare i significati nascosti del parlare con simboli e allegorie della Bibbia.

La delusione provata nella lettura delle Sacre Scritture fu compensata da una nuova proposta teologica, quella offerta dalla setta dei Manichei che offriva oltre al messaggio di Cristo il culto della verità attraverso la forza della razionalità e nello stesso tempo accusava la Chiesa di basare il suo insegnamento sul terrore e sulla superstizione perché antepone la fede all'esercizio della ragione.

Agostino è convinto inizialmente di trovare nel Manicheismo sia il messaggio salvifico di Cristo sia la lucidità filosofica apprezzata nello studio di Cicerone.

Solo molti anni dopo Agostino condannerà la teologia Manichea rifiutando tesi fantasiose per le quali esisterebbe nel creato una netta contrapposizione di due principi opposti e in perenne lotta: il Bene contro il Male, insomma il regno dello Spirito, con l'ordine e la pace e il regno della Materia e del Disordine o, per dirla con altri termini, il mondo della Luce contro quello delle Tenebre.

Queste forze dialettiche avrebbero dato vita all'intero Universo nel quale dunque tenebre e luce convivono in una lotta perenne.

La teoria alquanto fantasiosa affascinò inizialmente Agostino anche perché gli offriva un qualche approdo alla sua tormentosa coabitazione con i sensi di colpa. Motivo di attrazione poteva essere l'idea che l'uomo fosse una luce imprigionata nella materia ed in effetti Agostino conservò anche dopo la conversione questa idea dell'anima che si dovrà impegnare per ascendere fino alla fonte della Luce liberandosi progressivamente dalla materia.

I Manichei ritenevano che la scintilla divina poteva corrompersi per effetto della lussuria e rischiare di disperdersi per effetto della riproduzione rendendo difficile la salvezza.

Secondo Mani, autore della teoria Manichea, il "re della luce" Ha inviato nel mondo vari messaggeri che aiutassero l'uomo a liberarsi della materia e a ricongiungersi al re della luce.

Sicuramente un raffinato retore formatosi alla scuola ciceroniana non poteva ignorare il costrutto fantasioso con le tante superstizioni di cui era infarcita la teologia Manichea ma in quel momento il bisogno vitale di Agostino era quello di allentare nella sua coscienza il peso del senso di colpa e dunque la forza del Male che lo teneva legato come fosse realmente un'entità a se stante rispetto alla capacità volitiva del giovane Agostino.

Si meraviglierà più tardi di essere stato sedotto per nove anni dalla setta Manichea. La tentazione e il fascino di una teologia mitologica che però estrometteva dall'anima i suoi sensi di colpa attribuendo le responsabilità della sua condotta ad una divinità malefica, la paragonerà ad una "donna avventata e sprovvista di saggezza (...) Costei mi sedusse perché mi trovò fuori, insediato nell'occhio della mia carne e intento a ruminare fra me le cose che per quella via avevo ingerito." (Libro III par.11).

Di questa teologia piena di favolette e mitologia, Agostino apprezzava però la critica alla dottrina cattolica nei seguenti punti:

"a) la poca chiarezza a proposito dell'origine del male; b) il presunto antropomorfismo di Dio; c) il comportamento morale dei personaggi dell'Antico Testamento contraddittorio rispetto alle leggi del Nuovo (i patriarchi vengono accusati di poligamia, di sacrifici animali)" (Nota 47 al Libro III, I Grandi Filosofi Ediz. Il Sole 24 ore p.452).

È poco credibile che questo colto studioso di retorica e di filosofia sia stato affascinato dalle favolette mitologiche della teologia manichea per la quale nell'universo esisterebbero due sostanze materiali separate: il regno della luce e il regno delle tenebre.

Le tenebre aggrediscono il regno luminoso volendo diffondere ovunque il Male ma il Signore della terra luminosa si difende con una triade formata dal Padre, dalla Madre della vita e dall'Uomo primordiale.

In questa triade c'è l'origine di cinque elementi cioè l'aria limpida, il vento fresco, la luce, l'acqua vivificante, il fuoco. Con questi elementi si lotta contro gli elementi degli Inferi che tormentano e vogliono distruggere.

In questa teologia ricca di fantasiosi miti ritroviamo anche Gesù Cristo che sarebbe stato mandato come mediatore per salvare Adamo dalle tenebre della materia.

La materia è il Male e nella materia è imprigionato Dio che può essere liberato ogni volta che gli Eletti della religione Manichea mangiano i frutti di un'agricoltura da loro non praticata.

Il fulcro di questa teologia materialistica è il conflitto tra la materia intesa come Male e la Luce che è la salvezza.

L'autore della teologia, Mani, raffigura Dio come padre delle luci. È una divinità corporea che ha dodici membra le quali contengono la Sapienza, i sensi vitali, l'intelletto e la vita.

Questa divinità corporea ha una dimensione illimitata verso l'alto, ma è fortemente limitata verso il basso per la presenza del Regno delle tenebre e del Male.

La divinità materiale non è dotata di poteri illimitati perché è costantemente minacciata dal Male che è forza demoniaca attentatrice della pace e della gioia di vivere che sono le offerte del Regno della luce.

Perché dunque Agostino avrebbe accantonato almeno provvisoriamente le Sacre Scritture per abbracciare questo castello di favole mitologiche?

Nelle "Confessioni" si dice che il motivo dell'attrazione sarebbe stata la presenza di elementi del cristianesimo nella dottrina Manichea.

La spiegazione di Agostino è poco credibile: un pensatore tanto colto e raffinato non si lascia affascinare da mitologie utilizzate come struttura concettuale di una teologia.

Alcuni critici suggeriscono piuttosto di uscire dal piano intellettualistico e logico al piano psicologico ed esistenziale di Agostino.

Come sappiamo si era unito ad una donna forse di dubbia moralità rifiutata quasi visceralmente da Monica; dall'unione fuori del matrimonio era nato il piccolo Adeodato da sempre visto come frutto del peccato e fonte permanente di sensi di colpa. Agostino viveva psicologicamente una condizione emotiva da schizofrenico: era in costante conflitto con se stesso; aveva in sé il volto di Cristo come era stato affettivamente tratteggiato dalla madre ma era consapevole che quel nodo valoriale, quella concezione etica della vita non collimava con la sua condotta trasgressiva e d'altra parte provava i sentimenti naturali di un giovane innamorato che diveniva inoltre padre, accentuando la sua sfera di affettività naturale quantunque disapprovata dalla morale dominante e dalla visione rigorosa e intransigente di sua madre Monica.

Il male, dunque era dentro di sé con una carica di virulenza incontrollabile di fronte alla quale Agostino era soccombente.

La teologia Manichea con la teoria del Male ontologico, costantemente minaccioso e seduttivo che si opponeva la voce del Signore della luce, faceva proprio al suo caso: era la ciambella di salvataggio per un naufrago in alto mare in balia delle onde di sensi di colpa che lo stanno travolgendo!

Il disagio emotivo accentuato dalle preghiere a scopo dissuasivo e le lacrime della madre è espresso in queste parole delle "Confessioni":

"Ancora in quegli anni tenevo con me una donna, non posseduta in nozze, come si diceva, legittime, ma scovata nel vagolare della mia passione dissennata; una sola comunque e a cui prestavo per di più la fedeltà di un marito.

Sperimentai tuttavia di persona in questa unione l'enorme divario esistente tra l'assetto di un patto coniugale stabilito in vista della procreazione e l'intesa di un amore libidinoso ove pure la prole nasce, ma contro il desiderio dei genitori, sebbene imponga di amarla dopo nata". (Libro IV, par.2).

Nel 372 a Cartagine nasce Adeodato ed Agostino sente più forte il senso di colpa e si convince che il male è una forza ineluttabile perché la volontà non riesce ad opporsi alla "passione dissennata" e alla sua incontenibile libidine.

Alla conclusione dei suoi studi di retorica è costretto a tornare a Tagaste per insegnare grammatica. E' probabile che Adeodato e la madre siano rimasti a Cartagine perché Agostino tornerà a vivere con la madre ma la nuova condizione di paternità lo obbliga a cercare del denaro per mantenere suo figlio.

Agostino ha bisogno di aiuto anche economico: alcune fonti ritengono che siano stati i suoi amici Manichei a dare un aiuto concreto al giovane retore.

L'aiuto dei Manichei metteva a tacere anche i sensi di colpa perché la teologia di Mani indicava nel Signore delle Tenebre il responsabile della condotta peccaminosa di Agostino ed inoltre in questa teologia vi trovava anche quel Cristo che con la voce e le preghiere della madre lo rimproverava, tormentando lo per la sua condotta immorale (così almeno credeva).

Finalmente non è più responsabile del peccato e come scriverà "e nella mia superbia mi compiacevo di essere senza colpa… anzi, amavo scusare me ed accusare non so quale altro essere, diverso da me ed esistente in me".

RITORNO A TAGASTE

Nel 374 fa ritorno a Tagaste lasciando a Cartagine il bimbo che ha due anni e la donna amata.

Agostino ritorna nella casa paterna ma dovrà fronteggiare l'intransigenza di Monica e subire ammonimenti e lacrime sia per un legame d'amore illecito che per la procreazione di una creatura innocente frutto del peccato e addirittura per la sua adesione alla setta Manichea che getterà nello sconforto Monica, doppiamente ferita e mortificata bisognosa di chiedere perdono al Signore invocando l'intervento divino per dissuadere il figlio dal proseguire un così nefasto itinerario di peccato.

Agostino torna dalla madre ma ha l'anima piagata, è disorientato, ha bisogno di una qualche certezza affettiva. Mentalmente ritorna alle emozioni dell'infanzia e ritrova un compagno di giochi con il quale riannoda i profondi legami di amicizia ed anzi effettua un'opera di indottrinamento per farlo aderire alla setta Manichea.

Chi è questo giovane? Perché Agostino si dilungherà moltissimo a ricordarlo nel IV libro? Perché non cita mai la sua identità?

Nella nota 28 al libro IV si legge "O'Donnell suggerisce una sorta di senso di indegnità dell'autore, non nomina né la madre di Adeodato né il più caro amico perché entrambi oggetti di amori non perfettamente puri quindi in certo senso vittime di un Agostino non castus."

Questo giovane era un coetaneo conosciuto fin da ragazzo abitando nella stessa città di Tagaste.

Su di lui esercitò una forte pressione morale per indurlo a lasciare la religione cattolica ma perfino ad abusare di lui inducendolo ad accettare proposte sessuali.

A distanza di tanti anni Agostino continuerà a ricordare l'amico tra la nostalgia ed i sensi di colpa: "Ma quanto era soave (l'amicizia) maturata com'era al calore di gusti affini! Io lo avevo anche traviato dalla vera fede, sebbene adolescente non la professasse con schiettezza e convinzione, verso le funeste fandonie della superstizione (Manichea) che erano causa delle lacrime versate per me da mia madre.

Con me ormai la mente del giovane errava e il mio cuore non poteva fare a meno di lui." (Libro IV par.7).

Quel giovane gli era talmente caro che dopo tantissimi anni continuerà ad usare parole di gratitudine "a me dolce più di tutte le dolcezze della mia vita di allora". (Libro IV par.7).

Provava uno strano sentimento di affetto possessivo fino a provare fastidio del sacramento di battesimo che il ragazzo aveva ricevuto per le sue condizioni precarie di salute da far temere l'imminente trapasso.

Agostino è indignato, ma nutre il convincimento che l'amico nella condizione di infermità non sarà condizionato dal sacramento somministrato a sua insaputa:

"Io non mi preoccupai della cosa nella presunzione che il suo spirito avrebbe mantenuto le idee (Manichee) apprese da me, anziché accettare un'azione operata sul corpo di un incosciente.

La realtà invece era ben diversa. Infatti migliorò e uscì di pericolo e non appena potei parlargli (...) poiché non lo lasciavo mai, tanto eravamo legati l'uno all'altro, tentai di ridicolizzare (...) il battesimo che aveva ricevuto (...). Ed invece mi guardò inorridito, come si guarda un nemico e mi avverti con straordinaria e subitanea franchezza che, se volevo essere suo amico avrei dovuto smettere di parlare in quel modo con lui. Sbalordito e sconvolto rinviai a più tardi tutte le mie reazioni in attesa che prima si ristabilisse ed acquistasse la forza. (...) Pochi giorni dopo, in mia assenza, è assalito nuovamente dalle febbri e spira." (Libro IV par.8).

La morte dell'amico è l'ennesima sconfitta effettiva; la madre non riuscirà a trattenere Agostino a Tagaste né lo allontanerà dalla setta Manichea, il richiamo interiore della sua compagna e la nostalgia per il piccolo Adeodato recidono ogni vincolo con la casa paterna e nel 375 Agostino, sempre più tormentato, decide di riprendere la strada di Cartagine: "L'angoscia avviluppò di tenebre il mio cuore. Ogni oggetto su cui posava lo sguardo era morte. Era per me un tormento la mia patria, la casa paterna un'infelicità straordinaria. Tutte le cose le avevo avute in comune con lui (l'amico perduto), la sua assenza aveva trasformato in uno strazio immane. I miei occhi se lo aspettavano dovunque senza incontrarlo, odiavo il mondo intero perché non lo possedevo e non potevo piu dirmi: "ecco verrà" come durante la sua assenza da vivo" (Libro IV par.9).

Non è facile comprendere l'attaccamento così morboso e passionale che Agostino provava per l'amico scomparso.

La condivisione delle paure dell'infanzia con la paura delle botte, il bisogno di scambiare emozioni nell'età della scoperta degli affetti sociali, l'appoggio morale e forse le esperienze sessuali, la gioia di farsi strada nei rapporti sociali con la sicurezza di avere alleati, insomma, tutta una somma di situazioni emotive avrebbero potuto costituire per Agostino uno scudo per avviarsi nell'età adulta e affrontare le avversità sentendosi libero e sicuro anche dalle costrizioni morali della madre e dalla durezza caratteriale del padre.

Ma tutto questo fa parte di un bagaglio di congetture opinabili.

È un fatto comunque che Agostino nutriva e continuò a nutrire un rapporto affettivo patologico e poco comune con l'amico morto.

Non resistette a lungo a Tagaste e appunto decise di ritornare a Cartagine fuggendo anche da sua madre.

"Dalla mia patria però fuggii, perché i miei occhi meno cercavano l'amico dove non erano avvezzi a vederlo,

Così dal castello di Tagaste mi trasferii a Cartagine." (Libro IV, par.12).

Agostino se ne ritorna a Cartagine ribellandosi a sua madre, avendo nel cuore le cicatrici per il dolore dell'amico e forse bisognoso di denaro. Di questo ritorno e degli impegni che lo terranno attivo sul piano relazionale e culturale parlerà nelle "Confessioni".

"Massimo ristoro e sollievo mi veniva dai conforti degli altri amici con i quali avevo in comune l'amore di ciò che amavo in tua (Dio) vece, dell'enorme finzione, della lunga impostura corruttrice, con le sue carezze spurie, del nostro pensiero smanioso di udire.

Per me quella finzione non moriva, se anche uno dei miei amici moriva.

Altri legami poi mi avvincevano ulteriormente il mio animo: i colloqui, le risa in compagnia, lo scambio di cortesie affettuose, le comuni letture di libri ameni, i comuni passatempi ora frivoli ora decorosi, i dissensi occasionali senza rancore, come di ogni uomo con se stesso e i più frequenti consensi, insaporiti dai medesimi rarissimi dissensi; l'essere ognuno dell'altro ora maestro, ora discepolo, la nostalgia impaziente di chi è lontano, le accoglienze festose di chi ritorna.

Questi e altri simili segni di cuori innamorati l'uno dell'altro, espressi dalla bocca, dalla lingua, dagli occhi e da mille gesti gradevolissimi, sono l'esca, direi, della fiamma che fonde insieme le anime e di molte ne fa una sola." (Libro IV, par.13).

Il racconto del ritorno a Cartagine che apparentemente si dilunga in dettagli di vita relazionale con ridondanze di carattere emotivo – affettivo, in realtà non offre risposte a domande cruciali quali l'accoglienza della sua donna e del piccolo Adeodato che aveva tre anni; il tipo di aiuto concreto ricevuto dai Manichei; il motivo dei "dissensi occasionali" e con chi; i nuovi legami affettivi e l'esplicitazione dello scambio di cortesie affettuose; la reazione di sua madre Monica; l'indicazione dell' ambiente e delle persone per le quali provava la nostalgia.

Rimane dunque nella vaghezza della narrazione e quello che rende perplesso il lettore è l'assenza di suo figlio Adeodato, che forse poteva essere l'oggetto di attenzione primario, quantunque Agostino nascondesse nel cuore la consapevolezza che quel bimbo era il frutto del peccato!

La reticenza e la vaghezza della narrazione si comprendono perché Agostino non riesce a rasserenarsi, né ad addolcire i sensi di colpa per aver vissuto con una concubina e per averla messa incinta.

Come si vedrà, i perduranti sensi di colpa dovranno coesistere fino alla fine con la passione, tutta terrena, che provava per la sua donna amata e, suo malgrado, ripudiata.

Il ritorno a Cartagine è vissuto inizialmente come liberazione e si dedicò intensamente agli studi desiderando di raggiungere notorietà e successi sperando di ottenere un buon guadagno economico.

Apre una scuola di retorica e nello stesso tempo si impegna a diffondere i valori della setta manichea.

Sul piano filosofico approfondisce studi di estetica e scrive saggi dedicandoli ad un famoso retore del tempo, un certo Gerio Siriano, con la speranza di ottenerne l'apprezzamento. "Quel retore comunque apparteneva al genere d'uomini che io amavo al punto di voler essere come loro. La vanità mi portava fuori strada, ogni vento mi spingeva ora qua ora là. (...) Ecco qual è la condizione di un'anima inferma non ancora aderente alle saldi basi della verità (...) Una sua (Gerio) approvazione avrebbe accresciuto il mio ardore, una riprovazione avrebbe pugnalato il mio cuore vano e privo della tua (Signore) fermezza." (Libro IV par.23).

La vanità e la superbia lo tenevano invischiato in alcune tesi teologiche di matrice Manichea per le quali il Male che è in noi ha un'origine ontologica di sostanza malefica che si oppone a Dio stesso: si tratta dell'opera nefasta del Signore delle Tenebre responsabile di tutte le azioni perverse e negative che l'uomo compie.

Quando poi Agostino si convertirà al Cattolicesimo ricorderà con raccapriccio i suoi antichi convincimenti teologici che lo alleggerivano nei sensi di colpa:

"Preferivo sostenere che la tua (Signore) sostanza immutabile è costretta ad errare anziché riconoscere che la mia, mutabile, aveva deviato spontaneamente e per castigo errava." (Libro IV, par. 26).

LA MATURAZIONE DEL PROGETTO: ABBANDONARE L'AFRICA DIRETTO A ROMA

Gli anni di permanenza a Cartagine dopo la morte del suo più caro amico, saranno anni di studio intensissimo che daranno ad Agostino lustro ma non saranno sufficienti a dargli una tranquillità economica.

Affronterà intensi incontri con i suoi amici Manichei, comincerà a criticare alcuni punti della teologia Manichea: la sua preparazione filosofica anche grazie allo studio di Aristotele e, in particolare, della sua Logica, gli darà le armi per affrontare le tesi manichee stroncando come favole le varie teorie sul Cielo, sulle stelle, sul sole e la luce.

Scriverà nel V libro delle "Confessioni" che i libri manichei rigurgitavano di interminabili favole sul cielo, le stelle, il sole, la luce.

I suoi amici manichei lo rassicurarono che le sue obiezioni e le sue critiche teologiche avrebbero trovato le giuste risposte per opera del vescovo Manicheo Fausto che sarebbe venuto a Cartagine.

Agostino intanto, affinando le sue conoscenze filosofiche, si rendeva conto che si era scavata una voragine tra la sua sottile e raffinata erudizione, con la stringente capacità logica di confutare tesi dogmatiche e fantasiose, e la grossolana e sincretica teologia Manichea che vendeva speranze e pseudo verità fondate sul mondo dell'immaginario.

Nonostante il distacco culturale Agostino, forse per convenienza pratica, rimaneva nella setta svolgendo compiti di modesto livello nel ruolo di uditore.

Non è detto chiaramente quale fosse la fonte di guadagno per affrontare i problemi materiali ed il suo sostentamento e forse quello della compagna e del piccolo Adeodato.

Sappiamo che insegnava retorica in una scuola ma, come scriverà Agostino, i suoi studenti erano particolarmente ribelli.

È molto probabile che Agostino, quantunque non fosse più attratto dalle tesi manichee, aveva un forte interesse a conservare i legami con gli amici della setta dai quali, forse, trasse consigli e poi indicazioni per la sua futura carriera di illustre retore.

Nel 383, all'età di 29 anni, Agostino poté finalmente incontrare un famoso vescovo Manicheo di cui tutti parlavano come eccellente studioso e grande predicatore che affascinava con il suo eloquio la numerosa platea di uditori.

"L'avidità con cui avevo aspettato per tanto tempo il personaggio era appagata dalla eccitazione patetica delle sue dispute e dalla scelta di parole adatte che si ordinavano spontaneamente a rivestire i concetti. Ero dunque soddisfatto e, come molti altri o, anche più di molti altri, lo elogiavo, lo magnificavo (...).

Quando infine me ne fu data l'occasione (di conferire con lui nell'intimità) e con i miei amici, riuscii ad accaparrarmi la sua attenzione in un'ora adatta per un dibattito a due, esposi alcuni dubbi che mi turbavano; ma conobbi anzitutto un uomo che non conosceva le lettere, se si esclude la grammatica, in cui pure non era eccezionalmente versato, aveva letto alcune orazioni tulliane, pochissimi libri di Seneca, qualche volume di poesia e i pochi dei suoi correligionari che siano scritti in latino corretto e adorno." (Libro V par.11).

Il famoso vescovo manicheo Fausto di Milevi di Siria appariva ad Agostino culturalmente limitato e deludente dal punto di vista razionale per non aver affrontato le questioni e le obiezioni che con lucida logica Agostino gli sottoponeva.

"I libri manichei rigurgitano di interminabili favole sul cielo, le stelle, il sole, la luna ed io desideravo appunto questo: che dimostrasse intelligentemente, dopo averle raffrontate con le spiegazioni matematiche da me lette altrove, come la spiegazione offerta dai testi di Mani fosse preferibile o di certo almeno pari; ma non speravo più di tanto.

Gli sottoposi tuttavia le questioni affinché le considerasse e discutesse.

Egli con innegabile modestia e cautela si rifiutò di addossarsi il pesante fardello; non ignaro della propria ignoranza in materia, non si vergogna o di riconoscerla." (Libro V par.12).

L'incontro ed il confronto culturale e teologico con il vescovo Fausto costituì per Agostino un decisivo segnale di svolta nell'itinerario della sua vita:

"Così quel Fausto che fu per molti un lacciuolo mortale, senza volerlo e senza saperlo aveva già cominciato a sciogliere il lacciuolo in cui ero stato preso.

Le tue mani, Dio mio, nel segreto della tua Provvidenza non abbandonarono invero la mia anima; d'altra parte dal cuore sanguinante di mia madre ti si offriva per me notte e giorno il sacrificio delle sue lacrime." (Libro V par.13).

Il confronto con Fausto rinforzò notevolmente il sentimento di autostima dando ad Agostino la consapevolezza che doveva cercare un nuovo contesto culturale e d'altra parte si convinceva che era tempo di prendere le distanze dalla setta Manichea senza però tagliare del tutto i ponti perché doveva risolvere altri problemi di cui non parlerà in maniera esplicita peccando come sempre di reticenza quando doveva parlare di questioni affettive per le quali da sempre alimentava sensi di colpa.

Come mantenere il proprio figlio e la propria compagna? Dove procurarsi denaro dal momento che gli studenti che frequentavano le sue lezioni non gli davano garanzia di futuro?

Nell'anima di Agostino si andava maturando il desiderio di allontanarsi da sua madre perché con la cresciuta autostima si stava consolidando il desiderio di vivere più serenamente la sua vita affettiva e per questo prenderà una decisione che avrebbe sconvolto Monica, quella cioè di abbandonare l'Africa diretto a Roma.

Agostino nelle "Confessioni" darà la seguente spiegazione alla decisione: "A raggiungere Roma non fui spinto dalle promesse di più alti guadagni e di un più alto rango fattemi dagli amici che mi sollecitavano a quel passo, sebbene anche questi miraggi allora attirassero il mio spirito.

Sentivo dire che laggiù i giovani studenti erano più quieti e placati dalla coercizione di una disciplina meglio regolata; perciò non si precipitano alla rinfusa e sfrontatamente nelle scuole di un maestro diverso dal proprio ma non vi sono affatto ammessi senza il suo consenso.

Invece a Cartagine l'eccessiva libertà degli scolari è indecorosa e sregolata. Irrompono sfacciatamente nelle scuole e col volto quasi di una furia vi sconvolgono l'ordine instaurato da ogni maestro fra i discepoli per il loro profitto; commettono un buon numero di ribalderie incredibilmente sciocche, che la legge dovrebbe punire, se non avessero il patrocinio della tradizione (...)

Io, che da studente non avevo mai voluto contrarre simili abitudini, da maestro ero costretto a tollerarle negli altri.

Perciò desideravo trasferirmi in una località ove, a detta degli informati, fatti del genere non avvenivano." (Libro V par.14).

Forse è poco credibile che l'indisciplina di una scolaresca possa indurre un maestro a cambiare il continente!

A parte l'iperbole, altre sicuramente erano le vere motivazioni del trasferimento da Cartagine a Roma.

Agostino aveva amici e sicuramente Manichei che erano in collegamento con gli eretici di Roma dove, come si vedrà, lo stesso prefetto della Città sosteneva sia i seguaci dei culti pagani, sia i vari gruppi ereticali.

Queste amicizie e collegamenti politici oltre che religiosi potrebbero aver suggerito ad Agostino carriere e compensi economici importanti, tali da spingerlo a decidere di abbandonare la scuola di Cartagine, sicuramente frustrante per un coltissimo maestro di retorica.

C'era inoltre un altro fattore che lo spingeva ad abbandonare l'Africa cioè il desiderio di farsi una tranquilla famiglia senza le continue ingerenze della madre che gli ricordava continuamente di vivere nel peccato avendo una compagna concubina ed un figlio "frutto del peccato".

La decisione di trasferirsi a Roma significava conquista di autonomia e ribellione alla cappa asfissiante di una religione vissuta come prigione e promessa costante di condanna divina e ludibrio sociale.

È lecito chiedersi perché mai Agostino non abbia voluto dire chiaramente le motivazioni del trasferimento, avendo peraltro confessato che la partenza da Cartagine era stata progettata come fuga, ingannando la madre che aveva accompagnato il figlio fino al porto convinta che Agostino avrebbe voluto semplicemente salutare un amico!

A nostro avviso, altre sono state le motivazioni della reticenza: ricordando che Agostino scriverà le Confessioni quando tantissimi avvenimenti avevano modificato lo scenario generale della sua esistenza, sarebbe stato sicuramente difficile dire che i Manichei lo aiutarono per trasferirsi a Roma, procurandogli alloggio e poi facendo intervenire il prefetto di

Roma, il grande retore Simmaco, grazie al quale Agostino ottenne l'incarico di retore presso la Corte imperiale di Milano.

La difficoltà scaturiva dal fatto che Agostino, ormai cattolico e poi sacerdote e vescovo, aveva scritto molte opere scagliandosi proprio contro le favolette dei Manichei!

Tanta ingratitudine non gli avrebbe fatto onore!

Come solitamente faceva, sceglieva la reticenza quando si sentiva a disagio, forse vergognandosi.

D'altra parte sarà ancora reticente quando decise la partenza da Cartagine, anzi la fuga, tacendo alla madre che sulla nave della partenza per Roma c'erano la sua donna e suo figlio Adeodato con i quali avrebbe voluto ricostituire una famiglia quantunque non benedetta dal sacramento del matrimonio.

Di questa fuga con inganno Agostino scriverà: "Mi seguì (la madre) fino al mare; quando mi strinse violentemente nella speranza di dissuadermi dal viaggio o di proseguire con me, la ingannai, fingendo di non voler lasciare solo un amico che attendeva il sorgere del vento per salpare.

Mentii a mia madre, a quella madre, eppure scampai, perché la tua misericordia mi perdonò questa colpa, mi salvò dalle acque del mare malgrado le orrende brutture di cui traboccavo, per condurmi all'acqua della tua grazia, le cui abluzioni avrebbero asciugato i fiumi delle lacrime di cui gli occhi di mia madre volte a te (Signore) rigavano per me quotidianamente la terra sotto il tuo volto." (Libro V par.15).

È commovente e tragico questo scontro di sentimenti e di passioni amorose: da una parte l'amore possessivo della madre che usa tutte le armi dell'amore disperato: implorazioni, pianti, abbracci, sensi di colpa, preghiere, ricatti di ogni genere e dall'altra parte i sentimenti contrastanti di Agostino come figlio buono ed anche uomo innamorato di una donna e, nello stesso tempo, padre di una piccola creatura.

È innegabile il vortice dei sentimenti del giovane Agostino che questa volta vuole rompere il legame edipico che lo annoda alla madre e non gli permette di vivere la sfida della vita se non con il tormento della colpa e dei rimorsi.

Agostino con l'inganno salirà sulla nave lasciando sua madre disperata nella chiesuola del beato Cipriano eretta non lontano dal porto di Cartagine.

"Quella notte stessa io partivo clandestinamente mentre essa no: rimaneva a pregare e a piangere (…)

Spirò il vento e riempì le nostre vele. La riva scomparve al nostro sguardo la stessa mattina in cui ella, folle di dolore, riempiva le tue (Dio) orecchie di lamenti e gemiti, dei quali non facesti conto perché, servendoti delle mie passioni, attiravi me a stroncare proprio le passioni e flagellavi lei con la sofferenza meritata per la sua bramosia troppo carnale.

Amava la mia presenza al suo fianco come tutte le madri, ma molto più di molte madri e non immaginava quanta gioia invece le avresti procurato con la mia assenza." (Libro V par.15).

In questo breve passo delle "Confessioni" è interessante cogliere sia la concezione che Agostino ha di Dio, sia l'interpretazione psicologica della sua condotta pilotata dalle sue passioni.

Qui, quel Dio solitamente misericordioso di fronte al "folle dolore", ai "lamenti e gemiti" di Monica, Rimane indifferente "non facesti conto", semplicemente perché secondo la logica della "predestinazione" ha deciso a priori di condurre Agostino nel mondo cattolico e farne un sacerdote servendosi proprio di quelle "passioni" che conducevano Agostino a Roma.

Dio per questa operazione si stava servendo di due situazioni emotive con le quali puniva sia Monica che Agostino stesso: Monica veniva "flagellata" meritatamente perché aveva "una bramosia carnale"; Agostino soffrirà a lungo a causa di quelle "passioni" che lo trascinavano ma alla fine queste sarebbero state stroncate dal dolore e dai sensi di colpa che tormentavano la sua coscienza.

Appare chiaramente il nodo interpretativo della concezione teologica agostiniana: l'amore come purezza dello Spirito e Luce di salvezza non tollera le passioni della carne; le ragioni della carne e del corpo sono quasi incidenti di percorso nel cammino della purificazione e dell'ascesi verso la Beatitudine celeste. Il "figliol prodigo" deve purificarsi dalle scorie delle passioni per ritornare a Dio Padre Creatore.

Questo nodo interpretativo della rappresentazione di Dio e del compito palingenetico dell'uomo verrà filosoficamente espresso nei libri ultimi delle "Confessioni" anche con un linguaggio simbolico talvolta di difficile comprensione.

Forse si potrebbe aggiungere la funzione consolatoria che questa visione teologica svolge nell'anima di Agostino figlio.

La sensibilità emotiva di Agostino non poteva rimanere indifferente di fronte alla disperazione della madre che vede partire il figlio con inganno: quel nodo alla gola che sicuramente lo fece soffrire per tanti anni con tutti i sensi di colpa, si sarebbe allentato in seguito, realizzando il progetto agognato con tante preghiere e lacrime dalla madre: farsi battezzare dal vescovo Ambrogio a Milano.

Il racconto della concezione teologica e del rapporto uomo – Dio coniugato dentro le situazioni psicologiche di Agostino e di sua madre, è incastonato nell'epica poetica e drammatica di uno scenario commovente che fa rivivere i momenti della ribellione filiale e dell'amore passionale di una madre implorante:

"Spirò il vento e riempì le nostre vele. La riva scomparve al nostro sguardo la stessa mattina in cui ella folle di dolore…". (Libro V par.15).

A ROMA

Il viaggio non fu felice; al dolore psicologico si aggiunse una malattia fisica che si stava mostrando letale tanto che Agostino temette concretamente di morire.

Giunse a Roma e fu accolto da alcuni membri della setta Manichea: Agostino è costernato perché "qui mi accolse il flagello delle sofferenze fisiche che, ben presto m'incamminavano verso l'inferno." (Libro V par.16).

Il pensiero dominante di Agostino fu il terrore di morire senza aver ottenuto ancora il Battesimo e tale circostanza avrebbe sicuramente distrutto sua madre Monica la quale secondo il suo costume pregava quotidianamente il Signore perché suo figlio ottenesse la salvezza dell'anima.

A questo scopo ella era "assidua nell'elemosina, devota e sottomessa ai tuoi santi, che non lasciava passare giornata senza recare l'offerta al tuo (Signore) altare, che due volte al giorno, mattino e sera, senza fallo visitava la tua chiesa e non per confabulare vanamente chiacchierare come le altre vecchie, ma per udire la tua parola e farti udire le sue orazioni? Le lacrime di una tale donna, che con esse ti chiedeva non oro né argento, né beni labili o volubili, ma la salvezza dell'anima di suo figlio." (Libro V par.17).

A Roma dunque fu accolto nella casa di un "uditore" Manicheo dal quale ricevette le cure e gli aiuti necessari perché superasse il difficile momento della malattia.

In quel periodo della sua vita Agostino godeva di molti aiuti da parte dei membri della setta dei Manichei, sia da quelli di Cartagine, sia da quelli Romani.

A Cartagine fu aiutato nella fuga perché nel 373 ci fu un'aspra persecuzione anti-manichea perché furono varati i decreti imperiali contro l'Arianesimo e il Manicheismo.

Agostino per la sua attività di intransigente sostenitore delle tesi manichee, avrebbe corso seri pericoli; ricevette pertanto gli aiuti necessari perché a Roma entrasse in contatto con figure più eminenti sia nel campo religioso che in quello politico poiché figure eminenti del Senato sostenevano le tesi eretiche e pagane in contrasto con la sede imperiale di Milano.

Agostino non dirà esplicitamente il ruolo che avrebbe potuto o dovuto svolgere A Roma In qualità di membro molto stimato della setta Manichea.

Dirà tuttavia che era in contatto con figure eminenti della setta che venivano chiamati "Eletti".

Confesserà i suoi collegamenti in questi termini: "Però anche a Roma mi tenevo in contatto con quei falsi e fallaci santoni; non solo con gli uditori fra i quali si annoverava chi mi ospitò malato e convalescente, bensì con gli "eletti", come sono chiamati.

Ero tuttora del parere che non siamo noi a peccare ma un'altra, chissà poi quale, natura pecca in noi.

Lusingava la mia superbia l'essere estraneo alla colpa, il non dovermi confessare autore dei miei peccati affinché tu (Signore) guarissi la mia anima rea di peccato contro di te.

Preferivo scusarmi accusando un'entità ignota posta in me stesso senza essere me stesso, mentre ero un tutto unico e mi aveva diviso contro me stesso la mia empietà." (Libro V par.18).

Culturalmente e spiritualmente Agostino si stava allontanando dai convincimenti ideologici dei Manichei ma manteneva i rapporti con le figure più influenti della setta.

A Roma Agostino conoscerà anche alcune figure influenti dell'aristocrazia senatoriale e potrà apprezzare le qualità culturali e professionali di uno dei più importanti retori contemporanei cioè Quinto Aurelio Simmaco.

Costui era figlio di Lucio Aurelio Simmaco che aveva ricoperto la carica di prefetto dell'Urbe nel periodo 364-365.

Anche Quinto Aurelio Simmaco fu prefetto dal 384 al febbraio 385 e svolse un ruolo fondamentale opponendosi con fermezza alla decisione presa dall'imperatore Graziano che proibì i culti pagani e fece rimuovere dal Senato di Roma l'altare dedicato alla Vittoria.

La retorica stringente di Quinto Aurelio Simmaco provocò l'indignazione del popolo e delle intellettualità romane perché seppe dimostrare l'incredibile empietà dell'imperatore che con quel gesto andava a negare il glorioso passato di Roma:

l'altare infatti era testimone e simbolo della grandezza politica dell'impero e delle gesta Romane.

Agostino, guardato con simpatia da Simmaco come adepto di una setta eretica, si trovava però nel mezzo di un conflitto politico e religioso tra i grandi di quel tempo: da una parte l'aristocrazia senatoriale di cultura e di fede pagana che favoriva le sette eretiche e dall'altra i nuovi imperatori Teodosio e Graziano, sempre più intolleranti e di fede decisamente cattolica.

Agostino, ristabilitosi in salute, cercò di mettere a frutto le sue conoscenze impartendo ancora lezioni di retorica sperando di trovare studenti più rispettosi di quelli di Cartagine. Nel suo racconto memoria-confessioni, continua a tacere della sua condizione economica, non dice dove abbiano trovato alloggio la sua donna ed il piccolo Adeodato; non parla degli aiuti concreti che avrebbe potuto ricevere dagli amici manichei; non dice in che modo sia entrato in quella scuola di retorica per impartire lezioni: come sempre è reticente quando le questioni sollevano dubbi sulla sua coerenza e sulla sua condotta "di peccatore".

Si comprende tuttavia la situazione "di bisogno" nel sentimento di rabbia fino all'odio con cui parla dei suoi studenti a Roma:

"Vengo a conoscere altre abitudini di Roma che non mi affliggevano in Africa. Certo, ebbi la conferma che là non si verificavano i famigerati disordini degli scolari depravati. tuttavia fui avvertito che improvvisamente, per non versare il compenso al proprio maestro, i giovani si coalizzano e si trasferiscono in massa presso altri, tradendo così la buona fede e calpestando la giustizia per amore del denaro.

In cuor mio cominciai a odiare anche costoro, ma non di un odio perfetto: probabilmente li odiavo non per il danno che avrei subito io, ma per il modo illegale con cui agivano verso gli altri. Certo è che si tratta di individui immondi i quali trescano lontano da te (Signore) (…)

Ora odio questa gente malvagia e corrotta ma l'amo anche per correggerla e farle anteporre al denaro la dottrina che impara e quindi alla dottrina te, Dio, verità, fecondità di bene sicuro e castissima pace; invece allora cercavo di evitare le sue cattiverie per amor mio, anziché di migliorarle per amor tuo." (Libro V par. 22).

Agostino dunque, a Roma, cominciò ad odiare i suoi studenti perché non lo pagavano ed anzi lo truffavano con tanto di beffa ben organizzata!

Questo affiorare del sentimento dell'odio ovviamente derivava dalla sofferenza e dalla consapevolezza di non essere in grado di mantenere la sua "anomala" famiglia.

Pudore, senso di colpa, paura della condanna morale dei suoi seguaci o semplicemente autocensura gli impediscono di scrivere le precise circostanze e la causa dell'odio che è sentimento indegno per chi svolge la professione docente.

Questo sentimento generalmente si associa ad una situazione di forte paura e minaccia alla propria integrità e a quella delle persone più care.

Agostino ha bisogno di denaro per sé e per mantenere il figlio e la compagna di cui non parla.

Venendo meno la fonte di reddito si scatena dunque quel complesso di reazioni emotive con una miscela di rabbia, orgoglio ferito, paura, indignazione, disprezzo, aggressività ed è anche impotenza, disperazione o autolesionismo. La galleria delle risposte emotive sono molteplici ma tutte coniugate nel versante negativo delle relazioni umane.

Riconsiderato a posteriori nelle mutate circostanze personali e storiche quel sentimento di odio che Agostino provava, viene collocato nella cornice dell'etica e della religione cattolica e interpretato come indignazione per il comportamento peccaminoso di gente malvagia che doveva essere aiutata fraternamente secondo l'insegnamento dell'amore fraterno. Indignarsi per il comportamento malvagio ma amare fraternamente il peccatore per aiutarlo nella redenzione.

Agostino onestamente ammette che questo spirito di collaborazione fraterna con il peccatore, perché si ricollocasse sul giusto sentiero dell'etica cristiana, non era presente nell'animo del giovane retore truffato, beffato, disorientato, perché privo di mezzi economici e dunque impossibilitato a fornire il giusto sostentamento per la famiglia.

Era urgente trovare un'altra strada. Agostino non dirà in che modo i suoi amici riuscirono ancora una volta ad aiutarlo, ma racconterà, forse con poca gratitudine e forse con poca dignità, l'occasione propizia che gli permise di andar via da Roma e svolgere la professione di retore a Milano, sede dell'imperatore o meglio di quell'Augusto che reggeva la parte dell'impero comprendente le province d'Africa, Italia e Illirico.

Scrive Agostino: "Perciò, quando il prefetto di Roma ricevette da Milano la richiesta per quella città di un maestro di retorica, con l'offerta anche del viaggio con mezzi di trasporto pubblici, proprio io brigai e proprio per il tramite di quegli ubriachi da favole manichee, da cui la partenza mi avrebbe liberato a nostra insaputa, perché, dopo avermi saggiato in una prova di dizione, il prefetto del tempo, Simmaco, m'inviasse a Milano." (Libro V par.23).

Secondo questa narrazione una qualche autorità di Milano avrebbe chiesto al prefetto di Roma un qualche candidato per ricoprire a Milano il ruolo di maestro di retorica ed il prefetto avrebbe chiesto ai Manichei una qualche indicazione per individuare un bravo retore.

Sorgono spontanee alcune considerazioni critiche.

Non esisteva forse a Milano una qualche scuola di retorica?

Perché mai il grande retore e prefetto di Roma Quinto Aurelio Simmaco si sente in dovere di esaminare il giovane Agostino in fatto di dizione, se era stato segnalato come bravissimo?

Forse avrebbe potuto far partecipare al concorso di assegnazione del posto altri retori di Roma che in fatto di dizione latina avevano sicuramente le carte più in regola rispetto ad un oriundo africano.

È molto più credibile un'altra versione circa la modalità di scelta del candidato al ruolo di maestro di retorica nella città di Milano.

Gli amici manichei di Agostino e particolarmente gli "eletti" avevano buoni rapporti con il prefetto Simmaco già conosciuto come alfiere della causa degli eretici e dei pagani che rivendicavano la libertà di culto e si ribellavano alle disposizioni degli imperatori Teodosio e Graziano.

Lo stesso Simmaco avrebbe potuto conoscere anche indirettamente Agostino perché aveva in Africa dei possedimenti. Credette bene poterlo aiutare avendo saputo che le sue condizioni economiche non erano floride e avendo saputo della sua situazione familiare con tanto di figlio a carico e di compagna.

Nella Corte imperiale di Milano il giovanissimo futuro imperatore Valentiniano II aveva bisogno di un istitutore maestro di retorica e molto probabilmente la madre Giustina, reggente della prefettura Italia Africa Illirico, sostenitrice degli eretici ariani, accettò di buon grado la segnalazione di Simmaco che presentò Agostino come ottimo retore di simpatie eretiche cioè Manicheo.

Al cattolico Agostino divenuto sacerdote non faceva piacere ricordare questi "trascorsi" eretici e vicende familiari che lo costringevano ad abbandonare ancora una volta una sede di lavoro precaria per recarsi A Milano con il biglietto di presentazione di un prefetto pagano, tollerante con gli eretici cristiani e strettamente legato alla Reggente delle prefetture con sede a Milano, madre di Valentiniano II e sostenitrice degli eretici ariani.

Queste vicende non saranno raccontate nelle "Confessioni" perché irriguardose nei confronti di quel Dio dei cattolici al quale consegnava con pentimento le sue Confessioni.

Si potrebbe comprendere questo pudore, tuttavia appare moralmente riprovevole il disprezzo irridente di Agostino nei confronti dei Manichei quando racconta che l'aiuto per il nuovo lavoro a Milano gli veniva offerto grazie alla conoscenza e al tramite "di quegli ubriachi di favole manichee".

Nel soggiorno romano Agostino stava maturando un importante e nuovo orientamento filosofico che avrebbe modificato le sue concezioni teologiche materialistiche di matrice manichea.

Lo studio di autori appartenenti alla scuola neo-accademica o neoplatonici come Plotino o Porfirio, gli permise di acquisire concetti fondamentali per le sue speculazioni teologiche quali lo "Spirito immateriale" o la "Luce" divina ed il processo di "Emanazione" secondo Plotino; stava inoltre elaborando il concetto di "ascesi" che poi diventerà, con il lessico evangelico dopo la sua redenzione, "il ritorno del figliol prodigo".

"Mi sembrava sconvenientissimo credere che tu (Dio) hai la figura della carne umana e sei circoscritto nei limiti materiali delle nostre membra. L'incapacità di pensare, volendo pensare il mio Dio, a cosa diversa da una massa corporea, poiché mi pareva che nulla esistesse senza un corpo, era la suprema e quasi unica ragione del mio inevitabile errare" (Libro v par.19).

(…)

"Così mi sembrava più degno credere che tu non avessi creato nessun male, anziché credere derivata da te (Signore) la natura del male quale me lo figuravo io che nella mia ignoranza non solo gli attribuivo una sostanza, ma una sostanza corporea, essendo incapace di pensare persino lo Spirito privo di un corpo sottile però si diffondesse nello spazio" (Libro V par. 20).

Il nuovo revisionismo filosofico e teologico riguardava anche la concezione che aveva di Gesù Cristo: "Lo stesso nostro Salvatore, il tuo unigenito, lo immaginavo emanato dalla massa del tuo corpo luminosissimo per la nostra salvezza null'altro credendo di lui se non ciò che poteva rappresentarmi la mia vanità.

Naturalmente ritenevo che una simile natura non potesse nascere da Maria Vergine senza connettersi con la carne (…)

Esitavo dunque a credere che fosse nato nella carne, per timore di doverlo credere inquinato dalla carne". (Libro V par.20).

Della influenza degli studi di autori Neoplatonici parlerà lo stesso Agostino: "Mi era nata infatti anche l'idea che più accorti di tutti i filosofi fossero stati i cosiddetti Accademici, in quanto avevano affermato che bisogna dubitare di ogni cosa e avevano sentenziato che all'uomo la verità è totalmente inconoscibile."

Questo scetticismo lo allontana dalla fede manichea e quantunque conservi i contatti di amicizia, Agostino è sempre meno solerte e non è più determinato a sostenere le teorie manichee con l'ardore di un tempo. (Libro V par.19).

Così scrive: "Tuttavia mantenevo rapporti di amicizia più con questi (Manichei) che con gli altri uomini alieni dalla loro eresia; e se non la sostenevo con l' ardore di un tempo, però la familiarità con i suoi seguaci, occultati in grande numero a Roma, mi rendeva meno solerte nella ricerca di altro, tanto più che non speravo di trovare nella tua (Signore) Chiesa, Signore del cielo e della terra, creatore di tutte le cose visibili ed invisibili, la verità, da cui mi avevano allontanato." (Libro V par.19).

È facile commentare che quelle amicizie facevano comodo per risolvere i problemi materiali e la futura carriera di maestro di retorica alla corte del giovanissimo futuro imperatore Valentiniano II.

Dal punto di vista filosofico e teologico le nuove acquisizioni concettuali mutuate dai Neoplatonici costituivano un'ottima premessa per comprendere meglio sia il Vangelo di Giovanni, sia in generale per comprendere meglio le Sacre Scritture, secondo l'esempio di interpretazione simbolica che riceverà a Milano dall'ascolto delle prediche del vescovo Ambrogio.

In conclusione, grazie alla intermediazione "di quegli ubriachi da favole manichee", Agostino ricevette l'aiuto del prefetto Simmaco e dopo aver superato l'esame di dizione effettuato dallo stesso prefetto di Roma, poté trasferirsi a Milano per svolgere il ruolo di maestro di retorica.

La scelta del giovane retore da mandare alla Corte di Giustina, madre reggente del piccolo Valentiniano II, poteva essere giovevole anche per lo stesso prefetto Simmaco che desiderava mantenere rapporti di collaborazione con Giustina, fervente sostenitrice della eresia Ariana a Milano, contro il vescovo Ambrogio e l'imperatore Teodosio, alfiere della ortodossia cattolica.

È appena il caso di ricordare che Simmaco, nel 382, pronunciò nel Senato una calorosa orazione contro il provvedimento di rimozione dell'altare della Vittoria e si oppose all'imperatore Graziano che aveva proibito i culti Pagani favorendo la religione cattolica.

C'era dunque un'affinità ideologica e interessi convergenti tra l'eretica Ariana Giustina, madre del giovane Valentiniano II e Simmaco, pagano alfiere dei senatori di Roma e prefetto dell'Urbe dal 384 al 385.

INTERMEZZO STORICO

Dall'imperatore Costantino all'imperatore Teodosio

Controversie Religiose

Le interferenze della politica nella religione e poi, al contrario, le pretese cesaropapiste della religione nella politica, hanno la loro data di nascita con l'intervento dell'imperatore Costantino nelle controversie religiose.

I cristiani, dopo la loro affermazione sempre più netta ed estesa ma soprattutto, dopo la svolta operata dall'imperatore Costantino per la vittoria militare su Massenzio grazie all' intervento del Dio Cristiano, come riteneva l'imperatore, e quindi dopo l'editto di Milano per il riconoscimento del diritto di professare il loro credo, poterono non solo uscire, per così dire, dalle catacombe, ma ottennero molteplici benefici e privilegi: diritto di asilo nelle chiese; esenzione per il clero dalle imposte; "munera" personali come per i sacerdoti pagani; validità degli arbitrati episcopali con uguali effetti delle sentenze emesse dai tribunali civili; riconoscimento legale della giurisdizione dei vescovi sul clero (precedente del futuro foro ecclesiastico); facoltà alle chiese di ricevere legati; eredità e donazioni (altro importante precedente nell'avvio della chiesa a costituirsi enormi fortune patrimoniali); riconoscimento della domenica come giorno festivo (era anche il dies solis); validità delle affrancazioni di schiavi nelle chiese (manumissio in ecclesia); soppressione delle leggi di Augusto sulle pene Contro il celibato considerato invece dai cristiani, se accompagnato dalla castità, mezzo idoneo al conseguimento della grazia che mette sul piano degli angeli asessuati (rimasero però le agevolazioni per le famiglie numerose che saranno abrogate solo da Giustiniano) (…).

Costantino intervenne anche con opere pubbliche a favore delle chiese: nel 326 promosse a Roma la costruzione della basilica di San Pietro e della basilica del Laterano.

Alcuni storici ritengono che tante opere munifiche a favore del Cristianesimo derivavano non solo dal sentimento di gratitudine nei confronti di Dio per le vittorie militari, ma anche dalla consapevolezza di sentirsi peccatore per i gesti impietosi e violenti di cui talvolta si faceva protagonista, non ultimi i delitti di cui si era macchiato facendo uccidere il figlio Crispo e la moglie Fausta, accusati di una relazione incestuosa.

La crudeltà di Costantino talvolta non aveva misura: inflisse supplizi ai prigionieri barbari e irrogate condanne a morte a moltissimi avversari.

In una fase della sua vita Costantino provò un sincero pentimento per le crudeltà commesse e, allo scopo di ottenere la misericordia di Dio, inviò sua madre Elena in Palestina dando inizio ai lavori per la costruzione del Santuario di Betlemme e Gerusalemme.

Spinto dalla necessità di garantire la pace e l'equilibrio in ogni parte del vastissimo impero, Costantino decise di entrare nelle stesse questioni teologiche dopo che si erano accesi contrasti pericolosi tra eminenti figure del Cristianesimo vincente.

Le controversie teologiche di pura questione interpretativa delle Sacre Scritture e in particolare del Vangelo si traducevano talvolta e rischiavano di amplificarsi, in scontri politici con intolleranze anche violente tra la popolazione.

Una delle questioni teologiche fu sollevata nel 318 ad Alessandria dal prete Ario il quale aveva contestato la concezione Trinitaria della natura di Dio negando a Gesù Cristo la "consustanzialità" con il Padre.

La concezione teologica di un Dio "Uno e Trino" non rimase una semplice posizione interpretativa di un prete isolato, ma divenne motivo di contrasto all'interno di molte comunità cristiane dopo che i vescovi dell'Oriente e molti sinodi locali si opposero alla decisione del vescovo di Alessandria di condannare per eresia il prete Ario.

In poco tempo la questione teologica divenne motivo di conflitto tra i vescovi e le stesse comunità di fedeli nelle diverse parti dell'impero.

Costantino nel 325 decise di intervenire promuovendo lui stesso un concilio a Nicea al quale parteciparono trecento vescovi provenienti dal mondo ellenistico ed un solo vescovo dall'Italia.

Prevalse la tesi della struttura Trinitaria Divina con il concetto della consustanzialità della natura del Figlio con il Padre. Si decise tuttavia di essere tolleranti con la concezione Ariana tanto che nel 335 Ario fu riammesso nella comunità della Chiesa.

Valga come prova della tolleranza teologica il fatto che Costantino in fin di vita si fece battezzare dal vescovo ariano Eusebio di Nicomedia.

Le dispute teologiche si intrecciavano con gli interessi politici e negli anni seguenti si assisterà a scontri anche tra eserciti per questioni apparentemente teologiche che nascondevano però interessi di potere politico e affermazioni personali.

La morte di Costantino nell'anno 337 mise allo scoperto il grandissimo problema della successione e della necessità di conservare l'unità e la relativa tranquillità nel vastissimo impero.

Il problema della successione nella gestione del potere imperiale fu risolto nel sangue con la maniera più violenta perché i soldati sterminarono letteralmente tutti gli eredi maschi della famiglia Flavia, operazione questa che fu decisa dai figli di Costantino.

Furono risparmiati per la tenera età solamente Gallo e Giuliano, figli del fratellastro di Costantino.

In conclusione i tre figli di Costantino decisero la spartizione dell'impero: la Gallia, la Britannia e la Spagna furono prese da Costantino II; l'Oriente, la Grecia furono assegnati a Costanzo II, mentre l'Italia, l'Africa e l'Illirico furono assegnate a Costante, ancora diciassettenne.

La spartizione tra fratelli che sembrava garantire tranquillità come fosse una equa divisione di beni personali di Costantino da consegnare in eredità ai figli, non garantì alcuna forma di armonia né tra i fratelli né all'interno della popolazione dell'impero.

Costantino II, il fratello maggiore, voleva esercitare una pressante forma di tutela sul fratello minore Costante, ma anche controllo sulla provincia Italia, Africa, Illirico.

Questa forma di tutela non fu tollerata né dal giovane Costante, né dai membri più influenti della Corte imperiale Romana.

Costantino II, ambiziosissimo e impulsivo, trascurò le remore dei sentimenti fraterni, mosse il suo esercito contro Costante.

La fortuna non fu dalla sua parte perché ad Aquileia nel 340 fu ucciso.

Costante si trovò ad esercitare il potere sull'ampio impero di Occidente, dalla Spagna e Gallia fino all'Illirico ma la sua gloria fu di breve durata perché in Gallia scoppiò una rivolta militare e Costante si suicidò.

A ben riflettere sul destino dei figli di Costantino il Grande, si potrebbe inorridire pensando alla scia di sangue che fu versato per l'ambizione del potere o per il temperamento irruento dei membri di questa famiglia.

Crispo fu fatto assassinare dal padre per il rapporto incestuoso con la matrigna; Costantino II fu ucciso dall'esercito del fratello; Costante si suicidò; tutti i maschi della famiglia Flavia furono fatti trucidare per eliminarli dal rischio di concorrere all'eredità imperiale; infine lo stesso Costanzo II, ultimo figlio di Costantino, morì in Cilicia nel novembre del 361 in uno scontro militare contro suo cugino Giuliano l'apostata che, come già detto, era stato lasciato in vita in quell'eccidio di maschi della famiglia Flavia per la sua tenera età.

Il suicidio di Costante modificò notevolmente lo scenario politico dell'impero dell'occidente.

I militari misero fine alla logica del potere politico dato in successione familiare come voleva Costantino e acclamarono imperatore Magnenzio.

Costanzo II che reggeva da Costantinopoli la parte orientale dell'impero non avrebbe tollerato questa forma di usurpazione del potere imperiale e mosse il suo esercito contro Magnenzio affrontandolo in due teatri di guerra, sconfiggendolo. Magnenzio si suicidò a Lione in Gallia nel 353.

Costanzo II rimase unico imperatore spostando però il baricentro del potere imperiale Da Roma a Costantinopoli.

Governare quel vastissimo impero sembrò un'impresa difficilissima sia sotto il profilo dell'ordine pubblico e della tenuta dell'unità statale, sia sotto il profilo dell'esercizio amministrativo e del controllo degli atti burocratici.

Per il controllo amministrativo e in genere per conoscere il clima sociale e gli umori nelle diverse province, Costanzo II istituì due tipologie di controllori cioè gli "agentes in rebus" e i "curiosi".

Gli "agentes in rebus" erano gli occhi e le orecchie del principe; i "curiosi" erano gli ispettori del servizio postale che riferivano al principe ogni voce che potesse far pensare ad eventuali sospetti di complotto.

Per garantire poi la coesione del popolo e favorire l'unità morale delle tante popolazioni dell'impero, Costanzo II volle imitare la politica del padre Costantino entrando nelle questioni teologiche per tentare di evitare le forti divergenze tra la concezione Nicena Trinitaria e quella Ariana Unitaria.

Il credo Trinitario era condiviso dai Cristiani dell'Occidente, mentre l'Arianesimo si stava diffondendo ampiamente in Oriente.

Costanzo II si impegnò moltissimo indicendo concili per arrivare ad una sintesi del Credo ma i suoi sforzi si interruppero quando dovette intraprendere una spedizione militare contro i Persiani.

La difficoltà dell'impresa esigeva il coinvolgimento di altre legioni che erano sotto il comando del cugino Giuliano. Costui, forse per vendicarsi dell'antico sterminio della sua famiglia o perché mosso da ideali religiosi e culturali della tradizione pagana classica, avendo ricevuto tutta una formazione filosofica ad Atene, Giuliano mosse il suo esercito dopo essersi fatto proclamare imperatore dai militari ma non per affrontare i Persiani, bensì suo cugino Costanzo II.

Nel novembre del 361 l'ultimo figlio in vita di Costantino il Grande morì in Cilicia.

Costanzo II tre anni prima della sua morte nel 359 aveva convocato a Rimini un nuovo Concilio nel quale impose una nuova formula interpretativa sulla questione Trinitaria introducendo il concetto di "somiglianza non sostanziale" secondo il quale si superava la "consustanzialità" Nicena con la "somiglianza tra Cristo e Dio".

In verità questo ingresso autoritario nelle questioni teologiche avrebbe dato inizio al Cesaropapismo con l'enorme intromissione del potere politico nel potere religioso.

L'ingerenza del potere politico nelle questioni teologiche venne meno con la morte di Costanzo II perché il cugino Giuliano, proclamato imperatore dai militari, dette un indirizzo diverso al rapporto tra religione e potere imperiale.

Contrariamente alla linea politica dei Costantiniani, fautori di un rapporto collaborativo con il mondo cristiano, Giuliano si oppose anzi al Cristianesimo e volle ripristinare i fasti della cultura pagana.

Questa repentina inversione di marcia nei confronti del Cristianesimo, secondo gli storici, potrebbe essere ascritta a due fattori predominanti:

a) Il sordo risentimento di Giuliano nei confronti dei Costantiniani per l'azione di sterminio da loro promossa contro i parenti maschi della famiglia Flavia, onde evitare il rischio della concorrenza nella successione imperiale alla morte di Costantino il Grande. Giuliano, cugino di Costanzo II, accusò apertamente i suoi parenti di essere stati gli assassini della sua famiglia.

b) Il secondo motivo lo si potrebbe cogliere nel fatto che Giuliano aveva formato la sua personalità in Atene dove, come lui stesso dichiarò "aveva respirato il profumo dei mirti e della casa di Socrate".
Giuliano era talmente affascinato dalla filosofia greca da indossare la toga da filosofo greco e da tenere la barba lunga alla modalità Socratica.

All'età di ventiquattro anni Giuliano fu chiamato a Milano per intercessione di Eusebia, moglie di Costanzo II. Fu l'inizio di una nuova stagione di vita!

La sua cultura raffinata, la sua personalità gli meritarono la stima di molti, anche del cugino Costanzo II che pure avrebbe dovuto sempre diffidare per gli antichi fatti delittuosi.

Costanzo II credette, forse ingenuamente, che gratificandolo con una nomina prestigiosa lo avrebbe guadagnato alla sua causa. Seguendo questa linea lo nominò Cesare con il compito di assumere il comando militare delle truppe che operavano nella Gallia.

I fatti dimostrarono che la vendetta si somministra con il piatto freddo ed infatti Costanzo II, lungi da ottenere l'aiuto richiesto per affrontare i Persiani, ottenne da Giuliano la morte nello scontro militare.

Divenuto imperatore senza alcun ostacolo e preceduto da un prestigio ottenuto per i successi militari e la sua preparazione culturale e amministrativa, Giuliano mise in atto la nuova politica in chiave laica le cui linee portanti furono:

1) il ripristino di un governo ispirato ai grandi imperatori del passato cioè Augusto, Traiano, Marco Aurelio;

2) stroncare la corruzione, gli abusi, i privilegi;

3) ripristinare il culto del Sole ma con una lettura teologica influenzata dalla filosofia neoplatonica;

4) ritornare agli dei pagani e ripristinare tutti i culti del passato;

5) ridimensionare i privilegi della chiesa e ridare prestigio e benefici anche ai culti pagani.

Giuliano emanò da Costantinopoli un editto di tolleranza per tutti i culti, ma favorì in ogni modo quelli pagani. Pose dei limiti all'impiego dei cristiani nell'insegnamento perché non adatti a servire lo Stato e la cultura secondo lo spirito della tradizione; ai cristiani, inoltre, si vietò l'accesso ai pubblici uffici.

L'atteggiamento pagano di Giuliano costituì un notevole turbamento tra le classi sociali ed anche negli ambiti ecclesiastici. Si verificarono notevoli fenomeni di apostasia anche perché moltissimi avevano perduto prestigio, benefici e potere.

Il malumore provocato da questa rivoluzione nell'ambito ideologico e religioso si accrebbe anche per la politica di riequilibrio dei carichi fiscali, instaurando la politica del rigore, dell'austerità, anche con il suo personale esempio di vita.

Giuliano però mostrò il punto debole che gli fu fatale: volle essere ricordato come il grande conquistatore in terra Persiana, emulando Alessandro Magno o Traiano.

La sorte non gli fu favorevole. Nonostante un numeroso esercito di ben 65.000 uomini, i successi in molte battaglie, un inaspettato incidente risultò decisivo per il suo destino. La penuria di viveri lo costrinse a ripiegare verso l'Armenia. il caso volle che, in uno scontro di scarso impegno, una freccia colpisse l'imperatore.

Giuliano morì: era il 26 giugno del 363.

Il rigurgito pagano di Giuliano l'apostata fu una breve parentesi dentro il Cristianesimo trionfante perché questa religione si era capillarmente diffusa in tutti i settori della vita pubblica e privata dell'impero.

La religione cristiana da quel momento in poi condizionò tutte le scelte dei futuri imperatori.

IL CRISTIANESIMO RELIGIONE DI STATO

La politica di ostilità nei confronti del Cristianesimo si concluse alla morte di Giuliano: la sensibilità cristiana si era diffusa ampiamente sia tra la popolazione che negli strati sociali di alto rango, ma si era consolidata la differenza di interpretazione teologica (della questione Trinitaria divina e quella della "consustanzialità") tra l'Occidente e l'Oriente.

Il Credo di Nicea era dominante in Occidente, l'eresia Ariana era prevalente in Oriente.

La mancanza di eredi maschi nella dinastia Flavia aprì il problema della successione per la gestione del potere imperiale.

La difficile decisione fu presa dai dignitari civili e militari i quali scelsero il più anziano tra i Ufficiali di Stato Maggiore negli Alti Comandi militari nella persona di Gioviano originario della Pannonia di cui lo storico Ammiano Marcellino esprime il seguente giudizio:

"Tu, fortuna del mondo romano, sei giustamente accusata a questo proposito, perché fra l'imperversare delle catastrofi che annientavano a raffiche lo stato, ne hai consegnato le redini, strappate di mano ad una guida esperta (Giuliano) ad un giovane immaturo che, noto per non essersi mai distinto nella sua vita precedenti in quest'ambito, non è giusto né biasimare né lodare." (Rerum gestarum libri XXV).

Il Principato di Gioviano fu di breve durata infatti dopo otto mesi dalla nomina morì avvelenato in Bitinia nel 364 dopo il deludente trattato con i Sasanidi di Persia ai quali si cedeva la Mesopotamia e la Armenia.

Il successore sul trono imperiale, come sempre, fu scelto dai militari i quali acclamarono imperatore un ufficiale energico e austero in servizio nella guardia palatina cioè Valentiniano I anche lui, come Gioviano, della Pannonia e come Gioviano di religione cristiana.

Valentiniano I dopo un mese dalla proclamazione presa una decisione di portata storica cioè assegnare a suo fratello Valente la parte orientale dell'impero attribuendogli il titolo di Augusto e dunque i poteri di imperatore.

Valentiniano I poi affermò il principio dinastico per la successione imperiale senza l'acclamazione militare.

Nel 367 infatti nominò suo figlio Graziano di appena otto anni Augusto. Nell'impero, dunque, c'erano di fatto tre Augusti.

Il nuovo assetto dell'impero con il totale potere nelle mani dei Valentiniani ebbe una portata decisiva anche sugli orientamenti religiosi delle popolazioni dell'impero.

Da questo momento in poi la religione cristiana torna ad essere l'asse portante del tessuto morale dello Stato e dell'impero, però si tollerano anche i culti pagani anzi gli imperatori si mostrarono neutrali nelle diatribe teologiche e nelle scelte dei culti.

Valentiniano I, contrariamente al raffinato e colto Giuliano, era rozzo e amava essere circondato da collaboratori di scarsa sensibilità e cultura, ma aveva una particolare ammirazione per certi autorevoli membri dell'aristocrazia romana, infatti Lucio Aurelio Simmaco, che ricopre la carica di praefectus Urbe nel 364 e padre di quel Quinto Aurelio Simmaco (così importante per la futura carriera milanese di Agostino di Tagaste), era tenuto in altissima considerazione da Valentiniano I che ben conosceva la sua scelta pagana negli orientamenti religiosi o la raffinata preparazione nella cultura classica orgoglio della classe aristocratica senatoriale e della Romanità in generale.

Ben presto però le decisioni politiche a favore di funzionari e dignitari di secondo ordine che avrebbero permesso persino ai figli dei liberti di assurgere al rango senatorio, indignarono fortemente l'aristocrazia del Senato che fu collocata, per così dire, in ombra nel prestigio sociale per l'istituzione dei funzionari "spectabiles" e "Illustres" che superavano nella funzione amministrativa i senatori "Clarissimi".

Questo attrito e antipatie reciproche si andarono irrobustendo prendendo però la forma religiosa, nel senso che i Senatori di Roma ostentavano e favorivano il culto pagano e la cultura classica, mentre Valentiniano I rendeva la sua curia imperiale di Milano un caposaldo della cultura cristiana di osservanza Nicena Trinitaria.

Il tramonto di questo imperatore sarà segnato a seguito do scontri con le popolazioni barbariche che si infiltravano sul fronte Renano e Danubiano: Alemanni, Quadi e Sarmati tentavano ripetutamente di infiltrarsi nei territori dell'impero.

Valentiniano I nel 375 morì in Pannonia.

Dopo la morte di Valentiniano I nel breve arco temporale di tre anni, dal 375 al 378, ci furono eventi che cambiarono radicalmente il volto e l'assetto politico dell'impero. Questo breve arco di tempo vide accadere un evento storico che il vescovo di Milano Ambrogio definì "la fine del mondo", cioè la battaglia di Adrianopoli nel 378.

Nel 375 il giovane figlio dell'imperatore Valentiniano I (Graziano) conduceva con abilità campagne militari in Gallia ma, alla morte del padre, si accingeva a prendere le redini della parte occidentale dell'impero dividendo con lo zio Valente la responsabilità della guida di tutto l'impero.

Fin dall'inizio Graziano, figlio della prima moglie di Valentiniano I, si trovò a fronteggiare un difficile problema scoppiato all'interno della sua stessa famiglia: la seconda moglie di suo padre, cioè Giustina, mossa da ambizione estrema, pretese che Valentiniano II, fratellastro di Graziano, all'età di quattro anni fosse proclamato imperatore, assumendo lei stessa le funzioni di comando come Reggente dell'impero.

Anche questa volta gli scontri di potere politico e le ambizioni personali si intrecciarono con le questioni religiose e le interpretazioni teologiche del Cristianesimo.

Graziano, fortemente guidato e condizionato dalla forte personalità del vescovo di Milano Ambrogio, sosteneva le tesi del Cristianesimo di osservanza Nicena, mentre la matrigna Giustina favoriva le tesi teologiche Ariane.

Inizialmente Graziano cercò una qualche collaborazione con il Senato di Roma, fortemente tradizionalista e fautore dei culti Pagani nello spirito della tolleranza.

Graziano nel 376 si recò a Roma per avvicinarsi alla classe aristocratica senatoriale presentando un programma di governo favorevole ai Senatori dei quali accoglieva le istanze più significative volendo con questo superare gli screzi che si erano venuti a formare con la politica di suo padre Valentiniano I.

La politica di equilibrio tra i diversi culti e quindi la tolleranza nei confronti delle eresie fu interrotta proprio per l'intervento e la forte influenza esercitata dal vescovo Ambrogio ma anche per contrastare le ambizioni di Giustina che, oltre a far acclamare il piccolo Valentiniano II imperatore, aveva in animo di far prevalere nell'impero di occidente la religione Ariana e tollerando tutti i culti Pagani della tradizione di Roma.

In definitiva Graziano, dalla linea della tolleranza dei culti sotto l'influenza di Ambrogio divenne braccio secolare a sostegno della formula Nicena, schierandosi apertamente contro l'eresia Ariana e ovviamente contro la matrigna Giustina.

In Oriente Valente, lo zio di Graziano e di Valentiniano II, doveva fronteggiare le continue pressioni dei barbari Goti che spingevano sulla linea del Danubio per tentare di insediarsi dentro i territori dell'impero.

La pressione si fece insostenibile quando, nel 376, le orde barbariche di Unni avanzarono verso il Danubio e costrinsero i Goti con le loro famiglie ad oltrepassare il fiume per stanziarsi con i loro accampamenti e masserizie varie nei territori dell'impero.

Valente non poté tollerare tale invasione e si preparò ad attaccare l'accampamento dei Goti.

La decisione risultò imprudente con gli effetti disastrosi: Valente non aveva la perizia militare del fratello Valentiniano I né la prudenza di aspettare l'intervento del nipote Graziano.

Il suo esercito cadde nella morsa delle ali estreme dell'esercito dei Goti e fu letteralmente travolto dall'abilità e dalle capacità di comando dei militari Goti.

Ad Adrianopoli, il 9 agosto del 378, l'esercito romano fu battuto e le truppe decimate con grave scandalo dei contemporanei.

L'imperatore Valente fu ucciso.

La popolazione dei Goti invase letteralmente i territori al di qua del Danubio e si stanziò stabilmente iniziando quel grande fenomeno di occupazione e integrazione dei popoli barbarici con la popolazione Romana.

L'imperatore Graziano nominò Augusto un eccellente generale di origine spagnola, cioè Teodosio, al quale furono affidati i poteri di comando sulla parte orientale dell'impero.

Teodosio riuscì a riorganizzare l'impero costituendo una nuova politica nei confronti dei barbari Goti i quali furono immessi nella struttura economica e militare della società Romana divenendo parte significativa della popolazione dell'impero.

L'integrazione di questa gente barbarica avvenne nella forma di "foederati" acquisendo diritti e svolgendo anche ruoli di comando nell'esercito Romano.

Dopo la disfatta di Adrianopoli, Graziano riuscì a ripristinare l'equilibrio e la stabilità nell'impero.

Sia Graziano che Teodosio decisero dunque di accogliere in Pannonia le popolazioni Ostrogote e Vandali come alleate, offrendo vantaggi e benefici per le famiglie utilizzate nei lavori dei latifondi con la formula di coloni liberi.

I barbari più abili ed esperti nella vita militare furono inseriti nell'esercito dove potevano percorrere tutti i gradi militari e godere dei diritti di cittadinanza romana dal momento del congedo.

Nelle terre del basso Danubio i Visigoti costituirono al di qua del fiume un vero e proprio Stato Germanico nel territorio dell'odierna Bulgaria, cioè l'antica Mesia.

Il secondo fattore di cambiamento nella politica imperiale fu il rapporto con le religioni. Sia Graziano che Teodosio erano cristiani ed operarono in armonia seguendo una politica di avversione al paganesimo.

Graziano, modificando l'iniziale atteggiamento di tolleranza nei confronti dei culti Pagani inaugurato nel 375 con l'incontro romano con i senatori, scelse la linea dell'intolleranza e della condanna di ogni forma di culto che non fosse quello del cristianesimo Trinitario di Nicea, subendo fortemente l'influenza del vescovo di Milano Ambrogio.

La scelta della religione Cattolica in realtà aveva una giustificazione politica perché la forte e capillare struttura gerarchica della Chiesa Cattolica che si avvaleva della fitta rete gerarchica che dal Papa attraverso i vescovi si diffondeva nelle varie realtà locali, costituiva per la politica imperiale la massima garanzia per assicurare la tranquillità ed il controllo di tutte le popolazioni dell'immenso impero.

Il clero ed i vescovi potevano costituire i punti di riferimento per garantire il consenso alla politica imperiale sia in Oriente che in Occidente.

Questo progetto avrebbe incontrato non poche resistenze, sia in Occidente che in Oriente. In occidente erano alquanto vivaci e diffuse le sette eretiche come ad esempio in Africa, ma Un polo di opposizione anticattolico a favore dei culti Pagani e delle sette eretiche era certamente la classe aristocratica senatoriale Romana che avrebbe trovato la punta di diamante nel giovane avvocato Quinto Aurelio Simmaco, figlio di Lucio Aurelio Simmaco di cui si parlerà sia per le orazioni infuocate contro la politica intollerante imperiale sia per le vicende e la futura carriera milanese di Agostino di Tagaste.

Ostacoli ancora più spinosi l'imperatore Graziano li avrebbe trovati all'interno della sua stessa famiglia per la posizione ambiziosa ed eretica di Giustina, seconda moglie di suo padre Valentiniano I e madre di Valentiniano II suo fratellastro.

Giustina era di osservanza Ariana, così come lo erano molti altri membri dell'aristocrazia imperiale ed anche elementi dell'alta burocrazia e nello stesso apparato militare.

Teodosio avrebbe incontrato difficoltà maggiori perché la popolazione romana di Oriente seguiva maggiormente l'osservanza Ariana.

Un altro grosso problema si presentava ai due Augusto, quello cioè di attribuire parte del potere imperiale proprio al fratellastro di Graziano, cioè a Valentiniano II, ancora giovanissimo.

Per risolvere quest'ultimo problema i due Augusto si incontrarono a Sirmium, nella Pannonia nel settembre del 380. Decisero di costituire una prefettura autonoma comprendente l'Italia, l'Africa e l'Illirico e assegnarla a Valentiniano II, ma di fatto alla madre Giustina, stabilendo come sede imperiale Milano.

Sia Graziano che Teodosio si prefissero lo scopo di far professare il Cristianesimo di osservanza Nicena come religione di Stato e dunque religione cattolica universale.

Questa decisione dette il via ad una politica di ostracismo, non solo del paganesimo e dei culti eretici, ma una ferma opposizione al credo Ariano e alla concezione di un Dio unitario senza la consustanzialità con il Figlio.

Influenzato fortemente dal vescovo Ambrogio, l'imperatore Graziano mise fine alla sua politica di tolleranza dei culti Pagani e divenne braccio secolare a sostegno della formula Nicena.

Nell'anno 381 anche Teodosio, con il Concilio di Costantinopoli, impose l'ortodossia cristiana secondo il Credo Trinitario Niceno.

È interessante una riflessione dello storico Bernardi che scrive: "Teodosio fece imporre a tutti di professare l'ortodossia strenuamente difesa da Atanasio e poi da Papa Damaso I.

Il Cristianesimo Niceno divenne da allora religione di Stato e, mentre in Oriente fu il potere civile ad imporsi alla Chiesa, in Occidente, soprattutto con Sant'Ambrogio, il potere religioso rivendicò la sua autonomia avvalendosi anzi dello Stato per imporre le sue decisioni."

La politica di intolleranza di Graziano ebbe il culmine nel 382 quando proibì tutti i culti Pagani imponendo persino la rimozione dell'altare della Vittoria nell'aula del Senato Romano.

Così scrive lo storico Aurelio Bernardi:

"L'atto apparve agli esponenti dell'aristocrazia romana più tradizionalista (con il famoso polemista Aurelio Simmaco in testa, figlio del praefectus Urbi del 364) come un'incredibile empietà, quasi la negazione di tutto il glorioso passato di grandezza politica di cui l'altare era stato testimone e simbolo. Ne andarono di mezzo anche le venerande vestali che perdettero il carattere di pubblico sodalizio."

Le decisioni politiche in fatto religioso e le coraggiose politiche di integrazione delle popolazioni barbariche nei terreni dell'impero e soprattutto le aperture di carriere nelle posizioni di comando nell'ambito militare suscitarono posizioni di contrasto e di diffuso malcontento.

Nell'anno 383 la fortuna volgeva le spalle all'imperatore Graziano.

In Britannia Magno Clemente Massimo, un autorevole comandante dell'esercito fu proclamato Augusto dai militari. L'acclamazione di Massimo era la conseguenza di una sotterranea congiura degli alti comandi dell'esercito che si opponevano alle decisioni di inserimento di elementi barbari nelle carriere militari prese dall'imperatore Graziano.

Nell'agosto del 383 a Lugdunum (Lione) nella Gallia, Graziano fu ucciso, ma il drammatico evento non provocò la reazione dell'altro Augusto Teodosio, il quale, anzi, riconobbe come legittima la nomina di Magno Clemente Massimo che forse era imparentato con lo stesso Teodosio, entrambi spagnoli.

Il nuovo Augusto assumeva il comando sulla prefettura delle regioni Gallia, Britannia e Spagna ma guardava con tanto favore Giustina reggente della prefettura Italia, Africa, Illirico ma, come si vedrà, covava ben altre intenzioni e ambizioni!

A Milano convivevano due linee politiche in contrasto che esprimevano le posizioni delle due personalità dominanti cioè Giustina, che in ogni modo tentava di educare Valentiniano II agli ideali e ai valori dell'eresia Ariana, ma dall'altra parte c'era la fortissima personalità del vescovo Ambrogio che godeva un seguito di simpatie da parte di tutta la popolazione che professava con entusiasmo il Credo Cattolico.

Il prestigio ed il largo seguito di cui godeva il vescovo Ambrogio furono evidenziati nell'azione di protesta e condanna dei fedeli contro la decisione della reggente Giustina di assegnare una basilica Milanese al culto degli Ariani.

L'occupazione notturna con manifestazioni di folla impegnata con i canti di salmi e interminabili preghiere fecero desistere Giustina dalla decisione, ma ovviamente accentuarono la sua indignazione e desiderio di vendetta.

L'attrito si accentuò nel 387.

In quell'anno sul fronte orientale dell'impero ci fu l'ennesimo attacco dei barbari Sarmati ma l'ambiziosa e vendicativa Giustina, lungi dal chiedere aiuto all'altro Augusto, il cattolicissimo Teodosio di Costantinopoli, si rivolse a Magno Clemente Massimo che da tempo sognava un'occasione favorevole per estendere il suo potere sulla prefettura Italia.

Giustina ed il diciassettenne Valentiniano II pagarono caro l'aiuto di Clemente Massimo.

La prefettura fu infatti inglobata in quelle di Gallia, Britannia e Spagna e la corte imperiale di Milano fu forzosamente trasferita nell'Illirico.

A questo punto si mostrò inevitabile l'intervento di Teodosio, il quale però pose una precisa condizione che cioè Valentiniano II rinunciasse all'eresia Ariana e si preparasse ad accettare il battesimo previa la formazione cattolica del catecumeno.

Valentiniano II accettò le condizioni poste da Teodosio il quale mosse le truppe verso l'Illirico per affrontare Magno Clemente Massimo che già aveva invaso l'Illirico.

L'ambizione di Clemente Massimo lo spingeva a porre l'ipoteca anche sui territori Africani favorendo i movimenti di rivoltosi seguaci dell'eresia Donatista che intendevano separarsi dall'impero di Roma.

L'alleanza delle truppe di Teodosio con quelle di Valentiniano II si rivelò fatale per Magno Clemente Massimo il quale fu ucciso nell'agosto del 388 mentre ripiegava con le sue truppe verso Aquileia.

Nel 389 Teodosio, con solennità, celebrò il trionfo a Roma mostrando simpatia nei confronti dall' aristocrazia senatoriale e della cultura classica. Tentava infatti di non inimicarsi eccessivamente gli ambienti Pagani consapevole della forza morale di Roma nonostante il declino.

Per tre anni Teodosio si spostò nelle due residenze Milano e Roma, sentendosi ormai il solo protagonista dell'impero nella sua interezza dopo la morte di Clemente Massimo e dell'oggettivo esautoramento di Giustina, quasi in esilio.

Alla morte di Giustina, avvenuta a Salonicco nel 388, Valentiniano II fu trasferito a Treviri in Germania, sotto la tutela di Arbogaste, magister militum e consigliere del giovanissimo imperatore che qualche anno dopo fu accusato di aver strangolato Valentiniano II e fu rimosso dall' incarico per volere di Teodosio.

Arbogaste, di tutta risposta, volle contrapporsi a Teodosio facendo nominare Augusto un professore di retorica, Eugenio, che trovò il consenso dello stesso prefetto del pretorio, cioè Nicomaco Flaviano.

A questo punto si costituì un largo fronte di sostenitori delle tradizioni pagane con il favore dell'aristocrazia senatoriale romana che credette di aver trovato nel moderato e colto Eugenio il campione laico da contrapporre al cattolicesimo intollerante del vescovo Ambrogio.

Teodosio volle assumere una posizione di mediatore e designò nella carica di console per il 391 Simmaco e Taziano.

La posizione di equidistanza fra l'intolleranza cattolica del vescovo Ambrogio ed il fronte laico e paganeggiante dell'aristocrazia senatoriale con i collegamenti ereticali di Treviri e dell'alta Italia, venne meno quando Teodosio decise di ritornare nella comunione della Chiesa Cattolica accettando di compiere una penitenza che gli era stata comminata dal rigido vescovo Ambrogio.

Da quel momento la politica di Teodosio in materia religiosa fu decisamente antipagana e antieretica.

L'atto per la definitiva morte del paganesimo fu emanato il 24 febbraio del 391.

Tra il 391 e il 394 ogni forma di manifestazione della cultura pagana ed ogni forma di culto e tutte le istituzioni un tempo sovvenzionate furono soppresse.

L'8 novembre 392 si stabilì poi che ogni espressione di paganesimo si considerava reato di lesa maestà.

Il Senato di Roma reagì mandando A Milano presso l'imperatore il famoso avvocato Simmaco che già aveva tentato senza successo di far desistere l'imperatore dalla decisione di soppressione dell'altare della Vittoria nell'aula del Senato.

Questa volta Simmaco ebbe un'accoglienza pietosa: non fu ascoltato ed anzi fu cacciato!

L'indignazione delle correnti filopagane e della classe senatoriale di Roma giunse alle stelle.

Si prepararono azioni di resistenza sotto la guida di quel professor Eugenio nominato Augusto dai militari per l'iniziativa del magister militum Arbogaste. L'iniziativa militare trovò il consenso del prefetto del pretorio Nicomaco Flaviano e il totale appoggio dei Senatori Romani e di tutti coloro che in Occidente volevano conservare la cultura e le tradizioni pagane con il culto di Roma classica.

L'esercito alquanto numeroso degli oppositori all'intransigenza cattolica del vescovo Ambrogio e dell'imperatore Teodosio era capitanato dal professor Eugenio, ma di fatto dal prefetto Nicomaco Flaviano e da Arbogaste, magister militum.

L'esercito filopagano si diresse sulle Alpi Giulie dove Nicomaco Flaviano fece innalzare una grandiosa statua di Giove con la folgore dorata. Come cattivo auspicio la statua fu abbattuta da una tempesta.

Lo scontro con l'esercito di Teodosio avvenne il 6 settembre del 394 nei pressi del fiume Frigido.

L'esito fu disastroso per l'esercito filopagano. Nicomaco Flaviano e Arbogaste si uccisero, il professor Eugenio Augusto fu decapitato e gli ultimi moti della resistenza filopagana furono sedati nel sangue.

In quello stesso anno cessarono i Giochi Olimpici e nel 396 finiranno i "Misteri di Eleusi" e persino i Libri Sibillini che custodivano il destino di Roma furono bruciati nel 407. Progressivamente si estinsero tutti i sodalizi sacerdotali Pagani.

Si chiuse definitivamente la stagione della cultura pagana!

In questa ultima fase di lotta tra l'imperatore Teodosio e gli ultimi tentativi di sopravvivenza della cultura pagana, risulta veramente incomprensibile il comportamento del vescovo di Milano Ambrogio il quale si schierò dalla parte del professor Eugenio e dell'esercito filopagano.

L'abile e diplomatico vescovo accorse ad Aquileia per incontrare Teodosio vincitore e giustificare quello strano appoggio dato alla causa del professor Eugenio. Tornò la quiete, Teodosio si mostrò magnanimo: il Cattolicesimo di Ambrogio come Religione di Stato non aveva più nemici: era ormai tempo di organizzare il futuro dell'impero Cristiano e studiare la modalità della successione imperiale.

Teodosio decise la divisione dell'impero stabilendo come successori i suoi figli Onorio e Arcadio.

Onorio fu nominato Augusto per la parte Occidentale, Arcadio per quella Orientale.

Nell'anno 395 Teodosio morì e a Milano il vescovo Ambrogio pronunciò l'elogio funebre tra l'esultanza dei fedeli.

L'anno 395 è segnato dagli storici come l'inizio di una nuova stagione caratterizzata ora dalle vere invasioni barbariche ed il tramonto effettivo dell'Impero Romano d'Occidente. Gli studiosi ritengono che in quella data sia iniziato il Medio Evo Cristiano e barbarico.

AGOSTINO DENTRO LE VICENDE DELLA STORIA

Siamo nel 384, Agostino è pronto per partire per Milano.

"Perciò quando il prefetto di Roma ricevette da Milano la richiesta per quella città di un maestro di retorica, con l'offerta anche del viaggio con mezzi di trasporto pubblici, proprio io brigai e, proprio per il tramite di quegli ubriachi di favole manichee, da cui la partenza mi avrebbe liberato a nostra insaputa, perché dopo aver saggiato in una prova di dizione, il prefetto del tempo Simmaco m'inviasse a Milano." (Libro V par.23)

L'opportunità offerta era sicuramente allettante, anche perché non si trovava in buone condizioni economiche dal momento che i suoi studenti non lo pagavano; è un dato di fatto che questa offerta di lavoro era stata favorita da alti esponenti della setta manichea che sicuramente erano in ottimi rapporti con il prefetto di Roma Quinto Aurelio Simmaco noto esponente dell'aristocrazia senatoriale che si opponeva alla politica intollerante della Corte imperiale di Milano contro la cultura ed i culti pagani.

Il senatore Simmaco nel 382 inutilmente aveva perorato la causa della cultura pagana presso l'imperatore Graziano.

L'anno seguente l'imperatore Graziano fu ucciso a Lugdunum e la linea politica di intolleranza religiosa subì un profondo mutamento perché il comando dell'impero passava nelle mani di Giustina, seconda moglie di Valentiniano I e madre di Valentiniano II, fratellastro di Graziano.

La reggente Giustina era di religione Ariana e si opponeva alla ingerenza politica del cattolicissimo Ambrogio, vescovo di Milano.

Queste circostanze politiche sicuramente consentirono al prefetto di Roma Simmaco di allacciare buoni rapporti con la nuova Corte imperiale di Milano e di chiedere ed ottenere alla Reggente Giustina la presenza di Agostino come ottimo maestro di retorica per il giovanissimo imperatore Valentiniano II.

L'appartenenza di Agostino alla Setta Manichea e i buoni uffici degli "eletti" manichei, potevano costituire un ottimo biglietto di presentazione per l'ingresso nella Corte imperiale che aveva a quel punto orientamenti religiosi eretici.

Si potrebbe ancora cercare un'altra motivazione per il collegamento tra Simmaco ed i Manichei dell'Africa.

Questo brillante oratore era stato proconsole d'Africa proprio quando a Cartagine era studente Agostino, inoltre Simmaco aveva in Africa molti possedimenti agricoli.

Tutto ciò ci fa concludere dicendo che l'opportunità di lavoro offerta ad Agostino in una sede molto prestigiosa che non in un'aula scolastica con studenti senza quattrini, fu il frutto generoso del collegamento tra il prefetto Simmaco ed i Manichei Africani e Romani.

Se tutto questo è vero, suona come nota stonata Il racconto irriguardoso d Agostino nei confronti dei Manichei: "per il tramite di quegli ubriachi da favole manichee da cui la partenza mi avrebbe liberato a nostra insaputa".

È amaro dirlo, ma Agostino, cambiando l'orientamento religioso, non avrebbe dovuto dimenticare i benefici ricevuti da quella setta religiosa che, in qualche modo, affievoliva con le sue favole teologiche i sensi di colpa e la visione del male che tormentava l'anima di Agostino.

Il prefetto di Roma Simmaco sottopone ad esame Agostino per verificare la sua preparazione di dizione latina e quindi gli concede il nulla osta per il trasferimento a Milano.

Agostino è molto avaro di notizie sul compito che doveva svolgere a Milano e non chiarisce sufficientemente il tipo di rapporti con la Corte imperiale.

In maniera sfuggente ricorda che "quel giorno mi preparavo a recitare un elogio dell'imperatore infarcito di menzogne ma capace di conciliare al mentitore i favori di altre persone, ben consapevoli" (Libro VI par.9)

Nel momento in cui scrive ricordando questi fatti, Agostino evidentemente provava vergogna non solo perché mentiva nel fare l'elogio, ma anche perché la corte che evidentemente frequentava respirava l'atmosfera dell'eresia Ariana.

Il panegirico di cui Agostino parla è quello in occasione dell'anniversario della nomina a imperatore del giovanissimo Valentiniano II. Erano trascorsi dieci anni dalla morte del padre Valentiniano I ed il giovane figlio aveva 14 anni il 22 novembre del 385, giorno della ricorrenza decennale.

Si può dedurre da queste informazioni che Agostino svolgesse a Corte il compito di maestro di retorica per il giovanissimo Valentiniano II che, sotto l'influenza della madre Giustina, doveva prepararsi culturalmente a saper svolgere il ruolo di imperatore anche in posizione dialettica con il popolarissimo vescovo di Milano che non amava ovviamente la posizione religiosa della eretica Giustina.

Agostino confessa la sua disonestà intellettuale di scrivere elogi per l'imperatore mentendo, tuttavia ci dice indirettamente che lo conosceva abbastanza e lo frequentava; diversamente non avrebbe potuto parlare di lui in astratto.

In fondo queste menzogne potrebbero essere giustificabili sapendo che di pane si deve pur vivere!

Il rammarico ed il pentimento di Agostino saltano fuori solo quando è ben inserito nell'apparato del Cattolicesimo dopo essere ritornato in Africa e aver intrapreso la strada del sacerdozio con la vis polemica antieretica.

Ancora una volta desta stupore il fatto che Agostino non parli della sua compagna e di suo figlio Adeodato che si trovavano con lui a Milano.

Ha parole sfuggenti parlando della Corte imperiale con un fondo di disprezzo, senza dire nulla della reggente Giustina che era la spina nel fianco del vescovo Ambrogio, mentre userà parole di encomio, forse eccessivo, parlando del vescovo

Ambrogio che in quel momento non aveva scambiato con lui alcuna parola, avendolo tuttavia ascoltato in molte omelie.

Così parla dei primi approcci con la città di Milano, dopo esservi giunto spedito dal prefetto Simmaco:

"Qui incontrai il vescovo Ambrogio, noto a tutto il mondo come uno dei migliori e tuo (o Signore) devoto servitore (…). A lui ero guidato inconsapevole da te (Signore) per essere da lui guidato consapevole a te. Quell'uomo di Dio mi accolse come un padre e gradì il mio pellegrinaggio proprio come un vescovo." (Libro V par.23).

Agostino ritiene dunque che sia stato lo stesso Dio a guidarlo verso il vescovo Ambrogio affinché il vescovo di Milano, consapevolmente, lo conducesse nell'alveo della Religione Cattolica ma Agostino non era pronto, anzi diffidava della Chiesa Cattolica e, tuttavia era affascinato dalle prediche di Ambrogio e dalla sua stessa personalità tanto benevola e aperta ad accogliere con amorevolezza i fedeli.

Cosa va a fare a Milano? Agostino non lo dice esplicitamente, sembra che sia stato lo stesso Ambrogio a chiamarlo, stando alla narrazione di Agostino secondo la quale, appena giunto a Milano, si sarebbe incontrato con il vescovo. È sicuramente fuorviante quell'approccio narrativo "Qui incontrai il vescovo Ambrogio…" inserito in esordio, come se appunto lo scopo del viaggio fosse stato l'incontro con il vescovo Ambrogio con il quale, secondo alcuni critici, non avrebbe mai avuto diretti colloqui.

Umanamente è comprensibile questa modalità di raccontare, sapendo che il servizio di maestro di retorica presso una Corte imperiale guidata dall'eretica reggente Giustina non era onorevole ricordarlo quando si stava combattendo, nella veste di teologo cattolico, le lotte dialettiche contro le eresie!

È un fatto però che a Milano Agostino stava vivendo una fase di crisi ideologica, giudicando ormai come favole da ragazzi tutte le pseudo verità apprese dai manichei e provando il fascino sia della filosofia neoplatonica secondo le letture delle opere di Plotino o Porfirio sia dal metodo esegetico che stava apprendendo dalle prediche del vescovo Ambrogio con le quali aveva modo di penetrare la Verità nascosta nelle Sacre Scritture.

Percorrerà però un lungo travaglio perché non riusciva ancora a controllare i desideri della carne e si lasciava ancora travolgere dalle passioni che lo avevano sequestrato nella sua volontà di farsi guidare dalla Verità.

Siamo negli anni 385 e 386 e Agostino racconta la sofferenza ed i contrasti interiori che viveva: "Cercavo avidamente onori, guadagni, nozze e tu (Dio) ne ridevi. Per colpa di queste passioni soffrivo disagi amarissimi." (Libro VI par.9).

Sarebbe interessante conoscere la vera causa di questi "disagi amarissimi" e Agostino è mentalmente lontanissimo, vivendo ormai la sua nuova condizione esistenziale di teologo cattolico e sacerdote, ma in quella stagione di vita milanese viveva con il figlio Adeodato e c'era la donna ignota ed amata e c'era pure la madre Monica, che aveva lasciato l'Africa e aveva "inseguito" più che "seguito" il figlio Agostino a Milano.

Agostino allora avrebbe voluto sposare quella donna nonostante l'opposizione della madre la quale invece pretendeva che la sposa del figlio fosse una ragazza ancora giovane per le nozze, non avendo raggiunto l'età legale dei 12 anni per il rito matrimoniale.

I disagi amarissimi potevano scaturire esclusivamente da questi contrasti perché gli "onori ed i guadagni" li aveva garantiti con l'attività di maestro di retorica al servizio del giovanissimo imperatore Valentiniano II.

Questa chiave interpretativa del racconto di confessione di Agostino potrebbe essere ribaltata se pensiamo che il motivo dominante dei "disagi amarissimi" fosse la lotta interiore tra il desiderio della verità delle Sacre Scritture e la prepotenza ed il dominio delle sue passioni e aspirazioni sociali.

Come sempre il racconto è equivoco e si presta a diverse letture interpretative.

È però certo che in quel momento Agostino non provava un forte desiderio di scegliere il celibato come sua condizione di vita.

È altrettanto certo che il giovane Agostino viveva un intimo contrasto perché non trovava una strada che lo rasserenasse e gli desse un minimo di gioia.

Non vedeva la via d'uscita alle sue intime sofferenze: era giunto persino ad invidiare un ubriaco mendicante incontrato in un vicolo milanese.

"Egli non possedeva, evidentemente, la vera gioia: ma anch'io con le mie ambizioni ne cercavo una più fallace ancora e ad ogni modo era allegro, io angosciato, egli sicuro, io ansioso (…) stremato d'affanni e timori." (Libro VI par.9).

Agostino fa intendere che questa sofferenza abbia come radice la sua difficoltà ad ancorarsi ad una Verità, riconoscendo che l'antica architettura della teologia manichea gli stava crollando sotto i colpi della filosofia neoplatonica e soprattutto per le interpretazioni che il vescovo Ambrogio sapeva dare alle Sacre Scritture.

"Tuttavia da allora incominciai a preferire la dottrina cattolica anche perché la trovavo più equilibrata e assolutamente sincera nel prescrivere una fede senza dimostrazioni (...) Il manicheismo invece prometteva temerariamente una scienza, tanto da irridere la fede e poi imponeva di credere a un gran numero di fole del tutto assurde dal momento che erano indimostrabili." (Libro VI par.7).

È lecito chiedersi se la ricerca filosofica della verità con un approdo sulla fede cattolica fosse così coinvolgente sul piano emotivo da procurare in Agostino tanta angoscia e disorientamento esistenziale da provare invidia per gli ubriachi di Milano, spensierati e apparentemente felici!

Agostino continua a non parlare della sua donna e di suo figlio che si trovavano con lui a Milano. È poco credibile che il suo disorientamento e tormento dipendessero da un cattivo rapporto con queste persone care mentre sarebbe più plausibile chiedersi se a Milano fossero intervenuti fatti e circostanze di disturbo ad un normalissimo rapporto coniugale, quantunque non contratto secondo un rito religioso.

Qualcosa è accaduto che aveva disturbato quel legame e certamente metteva a disagio il mondo affettivo della famigliola che, come sappiamo, subiva ostracismi dalla morale corrente e soprattutto dagli anatemi della madre Monica.

Agostino racconta così la presenza della madre a Milano:

"Già mi aveva raggiunto mia madre che, forte della sua pietà, m'inseguì per terra e per mare, traendo sicurezza da te (Signore) in ogni pericolo." (Libro VI par.1).

È eloquente l'espressione "m'inseguì per terra e per mare" dice con prudenza che la madre non era stata invitata ma stava inseguendo per sua decisione il figlio che stava fuggendo da lei e che in ultima analisi non aveva la libertà di convivere con la donna amata e con suo figlio Adeodato.

Si nota sullo sfondo un certo fastidio provato, ma Agostino lo copre perché convinto che sua madre avesse la missione divina di convincere il figlio a lasciare sia la convivente peccatrice che le sue scelte teologiche manichee.

Di questa missione divina di cui sarebbe stata portatrice ed esecutrice Monica, Agostino è convinto e pertanto si lascerà guidare accettando con silenziosi sacrifici tutte le prescrizioni che gli saranno indicate.

Giunta a Milano, Monica si preoccupa di conoscere soprattutto la situazione spirituale del figlio: "Mi trovò in grave pericolo. Non speravo più di scoprire la Verità.

Tuttavia quando la informai che, pur senza essere cattolico cristiano, non ero più Manicheo, non sobbalzò di gioia come alla notizia di un avvenimento imprevisto: da tempo era tranquilla per questa parte della mia sventura, ove mi considerava come un morto, ma un morto da risuscitare con le sue lacrime versate innanzi a te e che ti (Signore) presentava sopra il feretro del suo pensiero, affinché tu dicessi a questo figlio della vedova:

"Giovane, dico a te, alzati" ed egli tornasse a vivere e cominciasse a parlare e tu lo restituissi a tua madre." (Libro VI par.1).

In questo brano delle "Confessioni" Agostino senza volerlo parla della sua condizione psicologica Edipica nei confronti della madre.

Probabilmente ogni nonna avrebbe voluto sapere qualcosa del nipotino nonostante fosse "frutto del peccato" come lo definirà Agostino, ma non di questo si parlerà, bensì del grado di accettazione di una determinata religione, tanto che la preoccupazione di Agostino è di informare la madre che stava allontanandosi dalla setta Manichea.

Agostino stava subendo una sottile, costante pressione psicologica che giocava sui sensi di colpa e sui sentimenti religiosi e desiderio filosofico della Verità.

La sua libera ricerca di verità e maturazione degli orientamenti religiosi erano patologicamente contrastati dai ricatti affettivi di una madre che aveva il convincimento di parlare in nome di una missione divina consegnando ripetutamente lacrime e preghiere ad un figlio sensibile che alla fine doveva scegliere tra la sua libertà di ricerca del vero, o accettare, in nome dell'amore materno, il "pacchetto di verità" confezionato dalla madre medesima.

Questa pressione ricattatoria sarà ancora più destabilizzante per l'equilibrio emotivo, perché Monica non chiedeva solamente l'accettazione di un credo religioso, ma anche l'abiura di un sentimento di amore per una donna creduta peccatrice che aveva dato alla luce un figlio ad Agostino.

Il sofferto contrasto di sentimenti di Monica e di Agostino, entrambi innamorati con vincoli Edipici, poteva essere collocato nella normale diffusa dialettica di affetti madre-figlio (abbastanza frequente nelle vicende familiari) ma in questo caso specifico il contrasto si colora di sottile e inconscia perfidia a danno del figlio, perché la madre Monica è convinta di compiere una missione divina per cui il figlio, soffrendo in silenzio, sarà costretto a rinunciare alla sua vocazione naturale di amare una donna e suo figlio.

Agostino è nella tempesta dei sentimenti contrastanti: avrebbe bisogno di consigli autorevoli.

Il bisogno di amare il mondo terreno con la grande seduzione dei piaceri sessuali è in perenne conflitto con il bisogno di trovare la pace dello Spirito e abbandonarsi tra le braccia di Dio che rasserena e dona la luce della salvezza.

Comincia a provare il fascino che emanava il vescovo Ambrogio del quale cominciava a desiderare di percorrere il suo itinerario spirituale e dal quale apprendeva ogni giorno la modalità con cui interpretare le Sacre Scritture lasciando ormai alle spalle il materialismo teologico dei Manichei.

Tante volte aveva tentato di potersi confrontare con il vescovo di Milano ma "non mi era assolutamente possibile interrogare quel tuo (Signore) Santo oracolo (...) Invece le tempeste della mia anima esigevano di trovarlo disponibile a lungo per riversarsi su di lui; ma invano.

Ogni domenica lo ascoltavo mentre spiegava rettamente la parola della Verità in mezzo al popolo, confermandomi sempre più nell'idea che tutti i nodi stretti dalle astute calunnie dei miei seduttori (Manichei) a danno dei libri divini potevano sciogliersi" (Libro VI par.4)

Agostino avrebbe voluto incontrarsi con il vescovo sperando di essere aiutato a rasserenare la sua anima tormentata, oscillante tra il bisogno di trovare finalmente la Verità dopo le tante ricerche nella filosofia e nella teologia, e il bisogno di soddisfare le tante sollecitazioni e seduzioni che venivano "dalla carne" e dalla natura materiale della sua esistenza:

"Abbiamo un buon numero di amici potenti. se non vogliamo brigare troppo per avere di meglio, una presidenza la possiamo ottenere senz'altro. Poi si dovrà sposare una donna provvista di qualche soldo, che non aggravi le nostre spese e questo sarà il termine dei desideri; molti spiriti grandi, degnissimi di imitazione, si dedicarono allo studio della sapienza con le mogli al fianco." (Libro VI pag.19)

"Mi sembrava che sarei stato troppo misero senza gli amplessi di una donna" (Libro VI par.20)

Le istanze intellettive spirituali potevano convivere serenamente con le istanze esistenziali della vita materiale, per così dire, se non ci fossero stati i contrasti con le cariche affettive ricattatrici di una madre che tentava di allontanare Agostino dal vincolo con una donna ritenuta indegna peccatrice; il dissidio dialettico era dunque all'interno dell'anima di Agostino che non riusciva a liberarsi dal ricatto affettivo della madre e si stava convincendo che la vicinanza e convivenza con la sua donna fossero fattori di impedimento alla fede cattolica.

Forse la scelta del celibato fatta dal vescovo Ambrogio e la stessa lettura delle lettere di San Paolo avrebbero potuto suggerire l'astinenza sessuale come via di uscita per porre fine al dissidio emotivo interno.

Agostino però non era capace di una scelta drastica: era contemporaneamente sulle due sponde, sesso, affetti femminili, ambizioni sociali, vanità convivevano con il bisogno della fede religiosa indicata dalla presenza ossessiva della madre, ferma nel condannare il "more uxorio" con una donna peccatrice alla quale avrebbe voluto sostituire una ragazzetta di buona famiglia con un matrimonio celebrato secondo la ritualità approvata dalla moralità corrente e dalla tradizione.

Di questi ondeggiamenti e di questi dissidi interiori Agostino parlava con i suoi due amici più intimi: Alipio e Nebridio.

Alipio, dice Agostino, "si stupiva che io (...) fossi invischiato nel piacere a tal punto da asserire, quando se ne discuteva fra noi, che non avrei potuto assolutamente condurre una vita celibe".

In effetti Agostino è attaccatissimo a quella donna con la quale conduceva una convivenza "more uxorio" e a suo figlio Adeodato.

Quel rapporto era "una consuetudine cui mancava soltanto l'onorato titolo di matrimonio per togliergli ogni ragione di stupore" (Libro VI par.22).

Qual era l'impedimento alla giusta celebrazione del rito matrimoniale che finalmente avrebbe potuto porre fine a "quello stupore" che tanto faceva sentire in colpa Agostino?

Agostino non analizza abbastanza se stesso e non dice chiaramente il perché non voleva sposare, però lo possiamo dedurre facilmente dalle frasi del paragrafo 23: "Intanto mi si sollecitava instancabilmente a prendere moglie".

Ma quale moglie? Non certo la concubina perché la madre si era impegnata con una famiglia africana e lo stesso Agostino, controvoglia, aveva dato l'assenso e avanzato richiesta alla famiglia!

"Così ne avevo ormai avanzato la richiesta e ottenuto la promessa. Chi lavorava maggiormente in questo senso era mia madre con l'idea che, una volta sposato, il lavacro salutare del battesimo mi avrebbe ripulito" (Libro VI par.23).

Agostino si era convinto che la vera interpretazione della morale cristiana fosse quella materna e dunque si stava convincendo di essere "moralmente sporco" e solo un matrimonio con una ragazzetta di circa dodici anni avrebbe "ripulito", attraverso un preventivo battesimo, quella condizione ignominiosa di vivere con amore il rapporto con una donna madre di Adeodato "more uxorio"!

La separazione di Adeodato dalla madre con la sostituzione della giovane sposina sarebbero state operazioni ben fatte con la benedizione di Dio!

Agostino non era capace di opporsi ma, nello stesso tempo, incapace di aderire a questo progetto materno. Che fare dunque?

Mamma Monica aveva però un consigliere superiore che lei consultava notte tempo attraverso il sogno e lo stesso Agostino chiedeva spesso di essere guidato per prendere la coraggiosa decisione di abbandonare "la peccatrice" con la quale peccava da quindici anni, fin da quando studiava a Cartagine.

La madre Monica "gioiva che io vi fosse ogni giorno meglio disposto e nella mia fede riconosceva il compiersi dei suoi voti e delle tue (Signore) promesse.

Su mia richiesta e per sua stessa inclinazione ti supplicava quotidianamente con l'ardente grido del cuore perché tu le facessi in sogno qualche rivelazione sul mio futuro matrimonio, ma non volesti mai esaudirla." (Libro VI par.23)

Fortunatamente il Signore non vuole dare consiglio e incoraggiamento per un matrimonio che sarebbe scellerato per la sofferenza futura di Adeodato e dello stesso Agostino!

Agostino si affida alle decisioni della madre (almeno fino ad un certo punto) perché la madre, così lui credeva, era in un rapporto privilegiato con il Signore:

"A suo dire ella sapeva discernere, da non so quale sapore, che a parole era incapace di spiegare, la differenza fra le tue (Signore) rivelazioni e i sogni della sua anima" (Libro VI par.23)

Malgrado i tentennamenti, Agostino si piega ai voleri della madre: caccerà via la concubina, si terrà Adeodato tredicenne e aspetterà la futura moglie per almeno due anni perché in Africa ci si può sposare solo a dodici anni.

"Ciò nonostante, si insisteva e la fanciulla fu richiesta. Le mancavano ancora due anni all'età da marito, però piaceva a tutti e così si aspettava." (Libro VI par.23)

La debole personalità di Agostino acconsentirà dunque al ripudio della donna concubina ma la scellerata decisione sarà pagata con un prezzo salatissimo:

"Frattanto i miei peccati si moltiplicarono e quando mi fu strappata dal fianco, quale ostacolo alle nozze, la donna con cui ero solito coricarmi, il mio cuore, a cui era attaccata, ne fu profondamente lacerato e sanguinò a lungo." (Libro VI par.25)

Mamma Monica credette di aver vinto e di aver salvato il figlio dal peccato e già pregustava il piacere sociale dell'approvazione pubblica delle future nozze con la sposina che doveva crescere altri due anni prima delle festose cerimonie in terra d'Africa.

Non andò così!

Agostino comincia a ribellarsi alimentando tuttavia i sensi di colpa:

"Ma io sciagurato, incapace di attesa finché avrei in casa la sposa già richiesta, meno vago delle nozze di quanto fossi servo della libidine, mi procurai un'altra donna, non certo moglie, quale alimento, quasi che prolungasse intatta o ancora più vigorosa la malattia della mia anima vegliata da una consuetudine che doveva durare fino al regno della sposa." (Libro VI par.25)

Nelle parole che esprimono una compiaciuta libidine si può nascondere anche una voglia di vendetta, quasi una "vis necandi" per aver subito un'odiosa ingerenza negli affetti, insomma un sopruso al quale risponde con una squallida sensualità per mercificare i rapporti affettivi con le donne.

Tuttavia questa sordida vendetta non è tanto gratificante: "Non guariva per questo la ferita prodotta in me dall'amputazione della compagna precedente; però, dopo il bruciore e lo strazio più aspro, imputridiva e la sofferenza perché più gelida era anche più disperata." (Libro VI par.25)

Agostino si ripiega in se stesso, si tormenta, si abbrutisce, si macera nella sofferenza, nasconde il dolore che diviene sempre più putrido ma…non è capace di ribellarsi al volere della madre che si ammanta del carisma sacro nella pretesa di essere nel giusto e di dover aiutare il figlio nel progetto della salvezza della sua anima.

Per Agostino il vero problema non era il sesso e la libidine, ma il bisogno di amore che lo legava la donna ripudiata!

Agostino sposerà la giovinetta promessa.

I GIORNI DEL TORMENTO E DEL PIANTO

Agostino è in forte difficoltà: non sa più gestire la sua vita emotiva.

Dal punto di vista culturale e spirituale, dopo aver cercato la strada per comprendere la Verità, ha trovato nella modalità esegetica del vescovo Ambrogio la chiave di lettura delle Sacre Scritture ed ha superato la concezione teologica materialistica della setta Manichea.:

"Penetrate stabilmente nelle mie viscere le tue parole, da te assediato d'ogni parte, possedevo la certezza della tua (Dio) vita eterna.

L'avevo vista soltanto in un enigma e, come attraverso uno specchio, tuttavia si era dissipato dalla mia mente ogni dubbio sulla sostanza incorruttibile la derivazione da quella di ogni altra sostanza.

Non desideravo acquistare ormai una maggiore certezza di te (Signore) quanto piuttosto una maggiore stabilità in te" (Libro VIII par.1)

Agostino ha superato l'idea che Dio sia una entità materiale sensibile, ancorché infinita, minacciata dalle tenebre del Male.

Il nuovo approccio interpretativo alla Sostanza Divina risente chiaramente della filosofia Platonica e dei filosofi Neoplatonici.

Non si esclude che la concezione spirituale della Natura Divina intesa come Sostanza immateriale incorruttibile luminosa in senso simbolico vista "in un enigma e come attraverso lo specchio", risenta del mito della Caverna di Platone per il quale nella "Caverna" cioè nel mondo sensibile, l'uomo vede ombre della Realtà: per cogliere la Verità e capire la luce Divina, deve uscire dalla caverna, cioè dalla sensibilità materiale e guardare la "luce del Sole" cioè il "mondo delle Idee" e cogliere l'essenza della Creazione e quindi il mondo Metafisico.

Il nuovo approdo intellettivo e spirituale di Agostino è tuttavia funestato dal suo mondo affettivo e dal travaglio per le vicende che lo hanno tormentato con il ripudio forzoso della sua donna amata.

"Senonché, dalla parte della mia vita terrena tutto vacillava e bisognava ripulirmi il cuore del fermento vecchio" (Libro VIII par.1)

Ed ancora:

"Mi disgustava la mia vita nel mondo. Era divenuta un grave fardello per me, ora che non mi stimolavano più a sopportare un giogo così duro le passioni di un tempo, l'attesa degli onori e del denaro.

Ormai tutto ciò mi attraeva meno della tua (Signore) dolcezza e della bellezza della tua casa che ho amato.

Ma ero stretto ancora da un legame tenace, la donna."

Agostino sa che con la madre si è impegnato a sposare la ragazza africana, sperando di cancellare la vergogna ed il peccato per la passata convivenza "more uxorio" con la donna amata e poi ripudiata; è però consapevole che quella donna non la può allontanare dal suo cuore e sa inoltre che suo figlio Adeodato è stato privato dell'affetto materno. Con questi presupposti non potrà mai costruire un suo futuro nella vita terrena: cominciano a far capolino i desideri di abbandonare tutti gli impegni della vita terrena e forse dedicarsi al mondo Spirituale, non più attratto dagli onori e ricchezza che gli derivavano dalla corte imperiale.

Rimaneva il grande impedimento che gli derivava dal desiderio sessuale del quale subiva la fortissima attrazione.

Avrebbe voluto dedicarsi totalmente alla vita spirituale e, in questa direzione, si stava maturando la decisione: "la volontà di servirti gratuitamente e goderti, o Dio, unica felicità sicura." (Libro VIII par.10)

Nel recente passato Agostino non pensava di dedicarsi interamente alla vita religiosa perché, oltre ad essere posseduto dalla forte sessualità, aveva come giustificazione la sua "incerta percezione (che aveva) di Dio" ma ora si rammarica che pur avendo raggiunto la "Verità" tanto agognata non riesce a disprezzare pienamente le seduzioni e i piaceri della "carne".

La sua volontà era altalenante tra la "carne" e lo "Spirito".

"Dovunque (o Signore) facevi brillare ai miei occhi la Verità delle tue parole ma io, pur convinto della loro verità, non sapevo affatto cosa rispondere se non, al più, qualche frase lenta e sonnolenta. "Fra breve", "Ecco fra breve", "Attendi un pochino".

Però quel "breve e breve" non avevano breve durata e quell'"attendi un pochino" andava per le lunghe" (Libro VIII par.12)

L'incerto Agostino è rassegnato a soggiacere ancora al richiamo del sesso.

È consapevole di vivere l'"aegritudo animi", una malattia dell'anima che non gli permette di decidere nonostante la conoscenza della meta finale ora che sa come arrivare alla Verità attraverso il metodo esegetico di Ambrogio sulle Sacre Scritture e il contributo della filosofia Neoplatonica.

Le difficoltà di Agostino molto probabilmente sono accresciute dal clima conflittuale tra il vescovo Ambrogio e la reggente Giustina, seconda moglie del defunto imperatore Valentiniano I e madre del giovanissimo Valentiniano II del quale Agostino era il maestro di retorica.

Giustina, di religione Ariana, aveva deciso di assegnare una basilica di Milano al culto di questa eresia e si era collocata in aperta lotta con il popolarissimo vescovo Ambrogio.

L'ambiziosa Giustina si era messa in contrasto anche con l'imperatore d'Oriente Teodosio quando, per tentare di respingere alla frontiera i Sarmati, chiese l'aiuto militare all'altro Augusto, Magno Clemente Massimo, il quale pensò bene di occupare manu-militari la provincia d'Italia.

Questo turbamento politico e militare ovviamente si sarebbe riversato in senso negativo sul suo progetto di vita costringendolo, non molto più tardi, a prendere nuove decisioni sul suo destino futuro.

Intanto continua a frequentare la corte imperiale di Milano e "svolge la solita attività, ma con ansia crescente. Ogni giorno sospiravo verso di te (Signore) e nel tempo esente dal peso degli affari, sotto cui gemevo, frequentavo la tua Chiesa. Con me era Alipio che, libero dagli impegni di legale dopo essere stato assessore a tre riprese, stava aspettando qualcuno cui vendere ancora pareri come io vendevo l'arte del dire, se pure la si può fornire con l'insegnamento." (Libro VIII par.13)

Le giornate che stava trascorrendo si caricavano sempre più di insoddisfazione e di "ansia crescente": vendeva "l'arte del dire" e svolgeva "affari" che gli davano un peso molesto. Questi impegni professionali avevano come sottofondo la sofferenza per gli affetti lacerati ed il turbamento per gli impegni assunti con la ragazzetta che intanto si preparava per il matrimonio promesso.

Non si parla dei problemi che scaturivano dalla necessità affettiva di Adeodato, questo figlio al quale era stata tolta la madre: ma le omissioni narrative di Agostino sono frequenti quando sono fonte di più lacerante sofferenza.

Agostino non sa dare equilibrio alla sua emotività, si sente travolto dagli eventi, scorge però una qualche via d'uscita ancora crepuscolare che si illumina progressivamente frequentando la Chiesa e ascoltando le omelie del vescovo Ambrogio.

Una qualche prossima decisione si stava maturando; occorreva solo una qualche circostanza o segnale per far modificare il corso della sua vita.

LA SVOLTA

"Un certo giorno ecco viene a trovarci Alipio e me (…)
un certo Ponticiano, nostro compatriota in quanto africano che
ricopriva una carica cospicua a palazzo. Ignoro cosa volesse da
noi." (Libro VIII par.14)

A questo punto ci sembra necessario esprimere una
qualche riflessione critica prima di procedere sul cammino che
porterà Agostino alla conversione cattolica e quindi
all'assunzione del Sacramento del Battesimo per mano del
vescovo di Milano Ambrogio.

In quel "certo giorno" va a fargli visita un personaggio
importante della corte imperiale, quel Ponticiano di cui
Agostino parla con un particolare distacco "un certo
Ponticiano".

Insomma, sembrerebbe che un ignoto alto dignitario della
corte imperiale si sentisse in dovere di far visita ad Agostino,
come se questi fosse un autorevolissimo esponente della
politica imperiale da omaggiare, ma risulta che Agostino
svolgesse con fastidio il ruolo di maestro di retorica al

giovanetto Valentiniano II, compito che non lo collocava ai vertici della politica imperiale.

Ma quale dunque la ragione di quella visita? E perché Agostino, a posteriori, vuole minimizzare, quasi ignorare quella stessa visita di cui non ricorda neppure la motivazione? ("Ignoro cosa volesse da noi").

Il racconto, con l'interpretazione del buon senso, non appare credibile!

Ponticiano è Africano e conosce sia Alipio che Agostino. Agostino poi doveva necessariamente conoscere Ponticiano per essere maestro di retorica del giovanissimo imperatore Valentiniano II.

Ponticiano si meraviglia di trovare sul tavolo della casa di Agostino le lettere di Paolo di Tarso, perché era convinto che Agostino fosse eretico e compiacesse dunque Giustina che era di fede Ariana.

Ponticiano sorride compiaciuto perché era Cristiano e seguace del teologo Atanasio di Alessandria, noto oppositore della religione Ariana e autore della vita del monaco egiziano Antonio.

Le simpatie di Ponticiano per il teologo Atanasio erano la dimostrazione che nella stessa Corte imperiale con la guida dell'eretica Giustina si era formata una sotterranea fronda che si opponeva alla politica della Madre Reggente e probabilmente trovava nel vescovo Ambrogio e poi nell'Augusto d'Oriente Teodosio i punti fermi per scalzare dal trono Giustina.

È plausibile ipotizzare che la fronda politica prendeva la forma di contrasto teologico e quindi opposizione alla eresia Ariana sostenuta dalla reggente Giustina.

Ponticiano, dunque, mostra il suo vero orientamento religioso: incoraggiato a scoprire le "sue carte" di fronte ad Agostino racconta l'esperienza avuta a Treviri quando accompagnò l'imperatore Valentiniano II.

"Ci raccontò la storia di Antonio, un monaco egiziano il cui nome brillava in chiara luce fra i tuoi (o Signore) servi, mentre per noi fino ad allora era oscuro". (Libro VIII par.14)

Nella città di Treviri la storia del monaco Antonio anacoreta era molto conosciuta soprattutto perché il grande teologo Atanasio di Alessandria, oppositore degli Ariani, si era rifugiato proprio a Treviri.

Il cerchio dunque si chiude: si conosce la storia di Antonio perché scritta dal vescovo Atanasio; si segue Atanasio perché è oppositore degli Ariani e dunque vessillo per opporsi alla politica imperiale della eretica Giustina e di Valentiniano II.

Ponticiano si mette a raccontare un fatto accaduto proprio a Treviri dove si era recato con i suoi commilitoni per accompagnare l'imperatore Valentiniano II ad assistere ad uno spettacolo del circo.

A Treviri dunque Ponticiano ed amici decidono di fare una passeggiata pomeridiana.

"Lì, mentre camminavano accoppiati a caso, lui (Ponticiano) con uno degli amici per proprio conto e gli altri due ugualmente per proprio conto si persero di vista.

Ma questi ultimi, vagando, entrarono in una capanna abitata da alcuni tuoi (o Signore) servitori poveri di spirito, di quelli cui appartiene il regno dei cieli e vi trovarono un libro ov'era scritta la vita di Antonio". (Libro VIII par.15)

In quella capanna vivevano dunque "quei poveri di spirito" che seguivano le orme del monaco eremita Antonio Egiziano di cui aveva scritto il vescovo Atanasio di Alessandria.

Avevano scelto di vivere lontano dalla vita sociale e si dedicavano alla preghiera praticando la castità.

I due amici di Ponticiano che erano alle dipendenze della corte imperiale restarono affascinati da quella scelta di vita contemplativa e dissero tra loro: "Cosa cerchiamo, a quale scopo prestiamo servizio? Potremo sperare di più a palazzo, dal rango di amici dell'imperatore? E anche una simile condizione non è del tutto instabile e irta di pericoli?" (Libro VIII par.15)

Quegli amici si convincevano che rimanere a corte al servizio dell'imperatore e di Giustina era diventato troppo rischioso e fonte costante di pericolo: si convincevano dunque che sarebbe stato più vantaggioso per loro "abbandonare il servizio del secolo per votarsi al tuo (Signore)".

Conclusero pertanto che sarebbe stata meglio la vita da monaco con il voto di castità e l'astinenza da ogni piacere dei sensi piuttosto che vivere tra i pericoli della Corte imperiale.

Ponticiano concluse il racconto dicendo che quei due amici non vollero ritornare alle dipendenze dell'imperatore.

Le stesse spose dei due amici rimasti nella capanna a pregare con gli altri monaci decisero di consacrare la loro verginità Dio.

Il racconto ci dice in primo luogo che il momento politico era veramente precario e carico di minacce. Molto probabilmente si stava vivendo il pericolo dell'invasione dei barbari Sarmati e subire le temerarie decisioni di Giustina che apriva le porte della provincia Italia all'ambizioso avventuriero Magno Clemente Massimo, pur di non chiedere aiuto al cattolico Teodosio di Costantinopoli e soprattutto per piegare alla sua volontà il grande e amato vescovo Ambrogio seguito universalmente dalla popolazione milanese.

Gli amici di Ponticiano avevano deciso di fuggire e questo sentimento di paura era molto probabilmente quello stesso che provava Ponticiano e tanti altri collaboratori dell'imperatore.

Di questo forse Ponticiano stava parlando con Agostino e Alipio, allo scopo forse di preparare un progetto di fuga per il ritorno in terra d'Africa, ma di tutto ciò non si ha notizia ufficiale.

Agostino dice invece esplicitamente che l'esempio offerto dai commilitoni di Ponticiano poteva essere proprio per lui una valida motivazione per uscire dal dramma emotivo che stava vivendo rinunciando ad un matrimonio non desiderato e per abbandonare la vita angosciante che viveva lui stesso per i servizi civili nella Corte imperiale e dedicarsi finalmente alla preghiera e alla teologia seguendo l'esempio del vescovo di Milano.

"Mi disgustava la mia vita nel mondo. Era divenuta un grave fardello per me ora che non mi stimolavano più a sopportare un gioco così duro le passioni di un tempo, l'attesa degli onori e del denaro. Ormai tutto ciò mi attraeva meno

della tua (Signore) dolcezza e della bellezza della tua casa che
ho amato. ma ero stretto ancora da un legame, la donna";
"Così in me due volontà, una vecchia l'altra nuova, la prima
carnale, la seconda spirituale, si scontravano e il loro dissidio
lacerava la mia anima." (Libro VIII par.10)

LA DECISIONE DOPO LA CRISI ISTERICA

La visita di Ponticiano, il racconto della conversione dei suoi amici a Treviri con la scelta monacale ed anche l'informazione che "a Milano fuori dalle mura della città esisteva un monastero popolati di buoni fratelli con la pastura di Ambrogio senza che noi lo sapessimo" (Libro VIII par.15) accentuarono l'ansia e la crisi di identità di Agostino fino al punto di spingerlo ad una condizione emotiva di vera e propria isteria:

"Nella tempesta dell'esitazione facevo con la persona molti dei gesti che gli uomini talvolta vogliono, ma non valgono a fare, o perché mancano delle membra necessarie, o perché queste sono avvinte da legami, inerti per malattia o comunque impedite. Mi strappai cioè i capelli, mi percossi la fronte, strinsi le ginocchia fra le dita incrociate, così facendo perché lo volevo." (Libro VIII par.20)

Nell'isteria ancora non riusciva a prendere la decisione coraggiosa:

"A trattenermi erano le frivolezze delle frivolezze, le vanità delle vanità, antiche amiche mie, che mi tiravano di sotto la veste di carne e sussurravano a bassa voce: "Tu ci congedi?", e: "Da questo momento non saremo più con te eternamente" (Libro VIII par.26)

"Questa disputa avveniva nel mio cuore (...) Alipio immobile al mio fianco attendeva in silenzio l'esito della mia insolita agitazione". (Libro VIII par.27)

Agostino non riesce a rasserenarsi e in quel tormento prorompe in una crisi di pianto:

"Io mi gettai disteso, non so come, sotto una pianta di fico e diedi libero corso alle lacrime. Dilagarono i fiumi dai miei occhi." (Libro VIII par.28)

La reazione isterica e l'intensa crisi di pianto sembrano eccessive per uscire dal dilemma o vita libertina o vita monacale, sembrano più giustificate con il dilemma o matrimonio senza amore con il carico di colpe per la donna ripudiata o la vita monacale fatta di astinenze e contemplazione.

La crisi isterica manifesta sicuramente l'intima lotta e il forte attaccamento alla donna ripudiata ma anche la paura per l'anatema morale che poteva provenire dal severo giudizio della madre in caso di rifiuto ad onorare l'impegno con la ragazza promessa!

Agostino vorrebbe ribellarsi a quella doppia violenza che stava subendo: quella di aver rinunciato alla donna amata per paura del disonore sociale e per non turbare il progetto materno al quale soggiace supinamente e l'altra violenza che si

accinge a subire sposando la ragazza africana non ancora in età
di matrimonio.

Schiavo emotivamente del volere della madre, vede
solamente una via di uscita per non scatenare ancora i pianti
materni e le implorazioni al Cielo: seguire l'esempio di Antonio
l'eremita e farsi battezzare rasserenando finalmente la sua
tormentata anima.

La strada della preghiera e della vita monacale aveva un
prezzo: la rinuncia ai piaceri della carne e soprattutto il voto di
castità. Questo prezzo lo pagherà con tanta sofferenza come
racconterà nei libri successivi financo nella futura condizione
sacerdotale.

Ci sarà una fortuita coincidenza o forse un segno divino
che permetterà ad Agostino di uscire dalla condizione di
incertezza.

Stando dunque in quella situazione di prostrazione "a un
tratto dalla casa vicina giunge una voce come di fanciulla o
fanciullo che diceva cantando e ripetendo più volte – Prendi e
leggi; prendi e leggi".

Agostino credette che quello fosse un segnale divino, un
comando ad aprire il libro che aveva lasciato (le lettere di San
Paolo). Lesse il primo verso dopo aver trovato una pagina a
caso: "Non nelle crapule e nell'ebbrezza, non negli amplessi e
nelle impudicizie, non nelle contese e nelle invidie ma
rivestitevi del Signore Gesù Cristo né assecondate la carne nelle
sue concupiscenze.

Non volli leggere oltre, né mi occorreva. Appena
terminata infatti la lettura di questa frase, una luce, quasi di

certezza, penetrò nel mio cuore e tutte le tenebre del dubbio si dissiparono". (Libro VIII par.29)

Agostino esce finalmente dall'incertezza e dal tormento del dubbio: è deciso ad abbracciare la via della fede Cristiana e sceglie con coraggio la castità imitando l'esempio del monaco Egiziano Antonio, sperando di trovare la serenità e uscire dall'incubo di dover giustificare il rifiuto al progetto di sua madre di dargli come sposa la giovinetta africana di buona famiglia.

Questa scelta di Agostino era anche un modo per risarcire la donna ripudiata che aveva già scelto una vita di pentimenti e di castità.

A proposito della identità della donna ripudiata ma amata, alcune fonti negano trattarsi di una schiava etiope, bensì di una "vergine consacrata" di Cartagine la quale, venendo meno ai suoi voti di castità era stata "messa incinta" dal giovane studente Agostino quando si trasferì a Cartagine facendo gridare allo scandalo la Comunità Cristiana del tempo.

La decisione avrebbe dovuto tacitare mamma Monica perché la scelta monacale e l'adesione formale al Credo Cattolico avrebbe giustificato la rinuncia al matrimonio e avrebbe finalmente gratificato una donna tanto devota da consumarsi in lacrime e preghiere per ottenere la salvezza dell'anima di suo figlio da tanti anni coinvolto e irretito dalle seduzioni del peccato.

Agostino, finalmente libero, sereno e pieno di coraggio si reca dalla madre:

"Immediatamente ci rechiamo da mia madre e le riveliamo la decisione presa: ne gioisce; le raccontiamo lo svolgimento dei fatti: esulta e trionfa" (Libro VIII par.30)

Monica non mostra il disappunto per il mancato matrimonio, è convinta che la decisione del figlio sia nata dalla volontà del Signore che, mosso dalle lacrime e dalle preghiere, ispira Agostino a diventare monaco e finalmente entrare nella famiglia Cattolica dopo aver ricevuto il Sacramento del Battesimo.

Agostino è molto soddisfatto della decisione presa anche perché si era realizzato il progetto che mamma Monica aveva conosciuto tempo prima a seguito di una rivelazione fattale in gran segreto dal Signore:

"Non cercavo più né moglie né avanzamenti in questo secolo, stando ritto ormai su quel regolo della fede ove mi avevi mostrato a lei tanti anni prima nel corso di una rivelazione." (Libro VIII par.30)

Senza voler ulteriormente cercare i fattori che hanno determinato la decisione coraggiosa grazie alla quale si rinunciava alla sessualità, alla vita mondana e alle vanità delle ricchezze e dei successi sociali, Agostino è finalmente sereno, non prova più il tormento e i sensi di colpa, è in pace con la sua coscienza e forse, potremmo dire arbitrariamente, si sente più vicino alla donna ripudiata perché come lei ha scelto la via della castità e del pentimento.

"Come a un tratto divenne dolce per me la privazione delle dolcezze frivole! Prima temevo di rimanere privo, ora godevo di privarmene (...) Il mio animo era libero dagli assilli mordaci dell'ambizione, del denaro, della sozzura e del prurito rognoso delle passioni e parlavo con te, mia gloria e ricchezza e salute, Signore Dio mio." (Libro IX par.1)

Il momento conclusivo della crisi e della scelta definitiva di Agostino si collocano in un contesto sociale e politico di grave turbamento ed anche di acceso contrasto tra il vescovo Ambrogio con il suo largo seguito di fedeli e la volontà della reggente Giustina decisa a favorire il culto Ariano.

Giustina concesse alla setta Ariana il diritto di fruire della basilica Porciana sottraendola al culto cattolico.

Vescovo Ambrogio non stette a guardare: ordinò ai fedeli di occupare fisicamente la basilica rimanendo in preghiera e cantando giorno e notte per impedire l'ingresso ai soldati inviati da Giustina.

Il contrasto tra la casa imperiale ed il vescovo di Milano ebbe una conclusione spettacolare il 17 giugno dell'anno 386.

Il fatto clamoroso lo ricorda lo stesso Agostino: infatti in quella data Ambrogio ebbe una eccezionale rivelazione avuta dallo stesso Signore il quale gli indicò "il luogo dove giacevano sepolti i corpi dei martiri Protasio e Gervasio. Per tanti anni li avevi (o Signore) serbati intatti nel tesoro del tuo segreto, per estrarli al momento opportuno e domare la rabbia di una donna, regale però" (Libro IX par.16)

A questo eccezionale evento fece seguito una solenne cerimonia per la traslazione delle salme alla basilica ambrosiana e lì avvenne un altro spettacolare fatto: addirittura un miracolo.

Un noto personaggio cieco riacquistò la vista; davanti a questo evento straordinario la folla presente esultò di giubilo suscitando entusiasmo e partecipazione all'intera popolazione di Milano.

L'evento, anzi gli eventi, furono di tale risonanza popolare e partecipazione convinta dei fedeli che la reggente Giustina non poté fare altro che rinunciare al progetto a favore del culto Ariano.

Agostino, mentalmente libero dai vincoli con "il mondo", doveva però cercare una qualche giustificazione per interrompere i suoi rapporti professionali con gli studenti ma anche con la corte imperiale dove ormai si respirava un clima di incertezza e di forte preoccupazione per le minacce dei barbari e per i rapporti confusi che Giustina teneva sia con Teodosio di Costantinopoli che con l'altro Augusto Magno Clemente Massimo.

Agostino decide di troncare i rapporti professionali con prudenza e in maniera progressiva.

"Decisi davanti ai tuoi occhi di non troncare clamorosamente ma ti ritirare pianamente l'attività della mia lingua dal mercato delle ciance. Non volevo che mai più i fanciulli cercassero, anziché la tua legge e la tua pace, i fallaci furori e gli scontri forensi comprando dalla mia bocca le armi alla loro ira." (Libro IX par.2)

Il desiderio di abbandonare la sua professione e la vita civile fu accentuata dalla improvvisa malattia e infatti:

"durante quella medesima estate i miei polmoni avevano cominciato a cedere sotto il peso dell'eccessivo lavoro scolastico" (Libro IX par.4)

Volle tuttavia procrastinare aspettando le vacanze vendemmiali che gli avrebbero permesso di andarsene senza tanto clamore.

Dopo venti giorni, beneficiando dell'ospitalità dell'amico Verecondo che gli offriva la sua villa di campagna a Cassiciago, Agostino, con il gruppo di parenti e amici, si trasferì in campagna e si preparò a ricevere il Battesimo.

Nell'autunno del 386 con i suoi parenti Navigio, la madre Monica, i cugini Lartidiano e Rustico, l'amico Alipio, il figlio Adeodato, i discepoli Trigezio e Licenzio, Agostino soggiorna per qualche tempo nella campagna di Cassiciago non lontano da Milano non solo per riposarsi e ritrovare la salute ma anche per prepararsi adeguatamente a ricevere il Sacramento del Battesimo con il rito officiato dal vescovo Ambrogio.

Agostino gioisce, ha raggiunto il suo scopo: liberarsi dal tormento e dai sensi di colpa per la sua vita di peccatore giungendo finalmente ad imitare l'esempio del grande vescovo Ambrogio: Castità e Spiritualità, dedizione alla contemplazione, alla preghiera e alla interpretazione delle Sacre Scritture, portatrici di Verità eterna.

"Quali grida, Dio mio, non lanciai verso di te (o Signore) leggendo i Salmi di Davide, questi canti di fede, gemiti di pietà contrastanti con ogni sentimento d'orgoglio! Novizio ancora al tuo genuino amore, catecumeno ozioso in villa col catecumeno Alipio e la madre stretta al nostro fianco, muliebre nell'aspetto, virile nella fede, vegliarda nella pacatezza, materna nell'amore, cristiana nella pietà; quali grida non lanciavo verso di te leggendo quei salmi, quale fuoco d'amore per te non ne attingevo! (Libro IX par.8)

Agostino ha raggiunto finalmente la serenità: ha affievolito l'ansia ed è tutto proiettato nella dimensione della vita futura.

Sembra ormai alle spalle la sofferenza per la donna ripudiata!

È collocato affettivamente nell'alveo rassicurante della madre della quale ha accolto interamente il progetto di vita cristiana all'insegna della pietà e della preghiera; ha accantonato del tutto il mondo della vanità, del successo, dei piaceri dei sensi; ha finalmente capito e accolto la verità che si deve sempre coniugare con la fede nelle Sacre Scritture.

È venuto meno anche il tormento per la difficoltà a raggiungere la verità mediante la filosofia tuttavia riconosce alle riflessioni dei Neoplatonici il merito di avergli offerto le chiavi concettuali per abbandonare il materialismo teologico ed avventurarsi nell'esegesi delle Sacre Scritture e aprirsi al mondo dello Spirito.

Era pronto a vivere la disciplina della mortificazione della carne, la pratica dell'astinenza sessuale e attraverso le preghiere, il canto, le meditazioni desiderava meritare il perdono e, come il figliol prodigo del Vangelo, fare ritorno al padre con l'anima contrita.

Si stava maturando in lui il desiderio di imitare il modello ascetico del monaco Egiziano Antonio di cui aveva parlato Ponticiano.

Era necessario prepararsi rigorosamente per accogliere consapevolmente il sacramento battesimale e a questo scopo scrisse una lettera al vescovo Ambrogio:

"Con una lettera informai il tuo vescovo, il Santo Ambrogio, dei miei errori passati e della mia intenzione presente, chiedendogli consiglio sui tuoi libri che più mi conveniva leggere per meglio prepararmi e dispormi a ricevere tanta grazia." (Libro IX par.13)

È noto che il vescovo Ambrogio era solito invitare i fedeli all'iscrizione per il battesimo nei primissimi giorni del mese di gennaio, forse nel giorno stesso dell'Epifania.

Agostino lascerà la villa di Cassiciago per tornare a Milano per l'iscrizione alla partecipazione al rito del Battesimo.

"Giusto il momento in cui dovevo dare il mio nome per il battesimo lasciammo la campagna e facemmo ritorno a Milano." (Libro IX par.14)

Era l'anno 387 e quasi sicuramente nel mese di gennaio perché "il suolo italico era particolarmente ghiacciato" come indica lo stesso Agostino:

"Alipio volle rinascere anch'egli in te con me. Era già rivestito dell'umiltà conveniente ai tuoi sacramenti e dominava così saldamente il proprio corpo da calpestare il suolo italico ghiacciato a piedi nudi, il che richiede un coraggio non comune." (Libro IX par.14)

Il passo non solo ci informa delle condizioni climatiche ma ci dà la precisa indicazione che la vita Spirituale esige la totale mortificazione della carne fino ad annullare la sensibilità.

La comitiva di Agostino fece ritorno a Milano: Alipio, Agostino e suo figlio Adeodato si predisponevano a partecipare alle lezioni intensive che sarebbero iniziate nel periodo della Quaresima.

Si avvicinò il momento della Santa cerimonia che per Agostino sarebbe stato il passaggio alla nuova vita dopo il lungo travaglio della vita da peccatore:

"Si dileguò da noi l'inquietudine della vita passata. In quei giorni non mi saziavo di considerare con mirabile dolcezza i tuoi profondi disegni sulla salute del genere umano" (Libro IX par.14)

Giunse infine il momento della Cerimonia. Agostino raggiunse la vetta della agognata felicità per aver abbracciato l'armoniosa vita contemplativa e spirituale. Commosso si lasciava trasportare dall'armonia degli inni e dei cantici che "risuonavano dolcemente nella tua Chiesa!

Una commozione violenta: quegli accenti fluivano nelle mie orecchie e distillavano nel mio cuore la verità, eccitando un caldo sentimento di pietà.

Le lacrime che scorrevano mi facevano bene." (Libro IX par.14)

IL RITORNO IN AFRICA

Dopo aver ricevuto il sacramento del Battesimo Agostino desidera di mettere in atto il suo progetto di iniziare una forma di vita contemplativa costituendo una comunità di preghiera in Africa nella quale la castità e la rinuncia alle seduzioni dei sensi costituivano la premessa per il cammino ascetico e la percezione del viaggio verso l'Illuminazione Divina.

In verità abbandonare Milano per molti era un disegno agognato e di particolare urgenza:

"Tu che fai abitare in una casa i cuori unanimi, associasti alla nostra comitiva Evodio, un giovane nativo del nostro stesso municipio. Agente dell'amministrazione imperiale, si era rivolto a te (Signore), prima di noi aveva ricevuto il battesimo e quindi abbandonato il servizio del secolo per porsi al tuo" (Libro IX par.17)

Con questo giovane, Agostino pensava proprio di collaborare e costituire proprio quella forma di vita ascetica secondo il modello di vita di Antonio Egiziano di cui aveva parlato Ponticiano ricordando il libro scritto dal vescovo Atanasio di Alessandria.

"Stavamo sempre insieme e avevamo fatto il santo proposito di abitare insieme anche per l'avvenire. In cerca anzi di un luogo ove meglio operare servendoti (Signore) prendemmo congiuntamente la via del ritorno verso l'Africa." (Libro IX par.17)

Questi frammenti di memoria ci testimoniano chiaramente che la vita a Milano a stretto contatto con la corte imperiale era diventata difficilissima e forse pericolosa. Se infatti ricordiamo il racconto di Ponticiano a proposito della fuga dei due commilitoni nella città di Treviri che preferiscono rimanere nella capanna dei monaci "poveri di spirito" piuttosto che rientrare in servizio presso la guardia imperiale e lo colleghiamo all'intenzione di Evodio (agente dell'amministrazione imperiale), ci balza chiaramente alla mente il clima di paura e di grave incertezza che si respirava nella corte imperiale nel 387.

In questo anno i barbari Sarmati tentavano l'ennesimo attacco alle frontiere per sfondare le difese militari imperiali.

La reggente Giustina, in aperto scontro con il vescovo Ambrogio e l'imperatore d'Oriente Teodosio, chiede aiuto all'altro Augusto della Gallia, Magno Clemente Massimo, il cui intervento si trasformerà in occupazione militare dell'Italia con la conseguente fuga di Valentiniano II nell'Illirico, dove collocherà la nuova sede della corte.

Nelle "Confessioni" Agostino tralascia il racconto degli eventi storici e scrive semplicemente "Tralascio molti avvenimenti per la molta fretta che mi pervade." (Libro IX par.17)

Non ritiene interessanti per le sue necessità narrative quei fatti storici perché doveva piuttosto soffermarsi sull'evento familiare Che lo avrebbe costretto a ripensare a tutto il suo mondo affettivo e spirituale, cioè la morte della madre Monica.

"Ma non tralascerò i pensieri che partorisce la mia anima al ricordo di quella tua serva, che mi partorì con la carne a questa vita temporale e col cuore alla vita eterna." (Libro IX par.17)

Agostino e tutta la sua comitiva parte per l'Africa e farà la necessaria sosta ad Ostia Tiberina in attesa dell'imbarco sulla nave diretta in Africa.

È temporaneamente ospite in una casa ed ha l'opportunità di trattenersi con la madre per conversare sulle cose dello Spirito:

"Appoggiati a una finestra prospiciente il giardino della casa che ci ospitava, là presso Ostia Tiberina, lontani dai rumori della folla intenti a ristorarci dalla fatica di un lungo viaggio in vista della traversata del mare. Conversavamo dunque soli, con grande dolcezza. Dimentichi delle cose passate e protesi verso quelle che stanno innanzi, cercavamo fra noi alla presenza della Verità che sei tu, quale sarebbe stata la vita eterna dei santi." (Libro IX par.23)

Agostino vuole rassicurare la madre sulla sua serenità ritrovata e sul suo fermo proposito di operare nel segno della fede. Le parla come il figliol prodigo del Vangelo che, pentito, fa ritorno al padre dopo il lungo viaggio del peccatore schiavo delle passioni dei sensi e confuso tra le favole materialistiche dei Manichei.

Con la madre ha l'esperienza mistica dell'ascesa verso la sorgente dello Spirito, partendo dal mondo visibile dove coglie l'ordine eterno e giunge all'Intelligenza del Tutto per arrivare alla Sapienza.

Dalla intelligenza del "tutto" Agostino percorre l'ascesa del cuore per arrivare all'Estasi ed avere la visione ineffabile della fonte luminosa dello Spirito e giungere dunque allo stordimento con l'Estasi spirituale.

"Elevandoci con più ardente impeto d'amore proprio verso di quello percorremmo su su tutte le cose corporee e il cielo medesimo onde il sole e la luna e le stelle brillano sulla terra.

E ancora ascendendo in noi stessi con la considerazione, l'esaltazione, l'ammirazione delle tue (Signore) opere giungemmo alle nostre anime e anch'esse superammo per attingere la plaga dell'abbondanza inesauribile ove pasci Israele in eterno col pascolo della Verità, ove la vita è Sapienza (...). E mentre ne parlavamo e anelavamo verso di lei, la cogliemmo un poco con lo slancio totale del cuore e sospirando vi lasciammo avvinte le primizie dello Spirito per ridiscendere al suono vuoto delle nostre bocche ove la parola ha principio e fine." (Libro IX par.24)

Dall'intelligenza delle cose del tutto attraverso la quale si coglie la Verità del progetto universale del mondo e della vita, Agostino e la madre fanno il salto di qualità per giungere alla origine della vita spirituale cioè il percorso dell'Ascesi che esige però l'attivazione dello strumento adeguato: quello che

Agostino chiama "Slancio totale del cuore" con il quale si ha finalmente l'Illuminazione Divina.

È un percorso interiore e Agostino dirà sempre che è fondamentale per tutti noi "ritornare in noi stessi per afferrare la Verità". È proprio questo il percorso da compiere per ritornare alla fonte della luce Spirituale.

Con la madre dunque ha l'esperienza della Estasi Spirituale; l'intelligenza del tutto è una tappa intermedia prima di afferrare l'ineffabilità del Vero Essere Spirituale.

La conversazione e l'esperienza spirituale comune sono certamente il risarcimento che Agostino intende pagare alla madre dopo tante lacrime e preghiere rivolte a Dio per far redimere un figlio peccatore che era fuggito dalla casa del Padre Luminoso perso dietro ai piaceri della carne inseguendo sogni materiali e vanità.

La madre proprio in quella finestra dichiarava: "Il mio Dio mi ha soddisfatto ampiamente perché ti vedo addirittura disprezzare la felicità terrena per servire lui (Dio)." (Libro IX par.26)

L'obiettivo di Monica era pertanto raggiunto perché il figlio aveva rinunciato a tutte le seduzioni e gioie della vita terrena e Agostino si era lasciato convincere che la vita dello Spirito dovesse escludere totalmente la vita degli affetti naturali e l'amore per una donna con la quale procreare figli.

Così proprio ad Ostia, nel giorno della conversazione profonda con la madre e l'estasi spirituale, Agostino ha consapevolezza che il "mondo con tutte le sue attrattive si svilì ai nostri occhi nel parlare."

Monica è malata e sente che sta per giungere il momento della sua dipartita ma è pronta: "Cosa faccio ancora qui e perché sono qui, lo ignoro. Le mie speranze sulla terra sono ormai esaurite. Una sola cosa c'era che mi faceva desiderare di rimanere quaggiù ancora per un poco: il vederti cristiano cattolico prima di morire." (Libro IX par.26)

Monica moriva felice, era convinta che la vita vera fosse quella dell'aldilà e dunque disprezzava le passioni e l'attaccamento alla vita terrena.

Il tempo della vita terrena doveva essere dedicato alla preparazione a ben meritare le gioie spirituali della vita eterna.

Agostino era preoccupato per la collocazione della salma non potendo arrivare in terra d'Africa ma Monica ripeteva ai figli "Nulla è lontano da Dio e non c'è da temere che alla fine del mondo egli non riconosca il luogo da cui risuscitarmi." (Libro IX par.28)

Arrivò dunque il momento della dipartita "Al nono giorno della sua malattia, nel cinquantaseiesimo anno della sua vita, trentatreesimo della mia, quell'anima credente e pia fu liberata dal corpo."

All'improvviso Agostino si trova a sperimentare una situazione di vita dove si scontrano i sentimenti naturali del dolore per la perdita di una persona cara ed i convincimenti religiosi secondo i quali la morte è liberazione gioiosa che consente agli uomini di raggiungere la beatitudine nel "Regno dei Cieli". Il suo conflitto interiore suscita tenerezza: Agostino vorrebbe piangere, sente che l'angoscia del petto vorrebbe trasformarsi in lacrime ma l'autocontrollo emotivo lo impedisce: non è lecito piangere se l'anima si prepara per il viaggio verso la felicità eterna secondo la promessa Cristiana, di cui tante volte parla l'Apostolo Paolo.

"Le chiudevo gli occhi e una tristezza immensa si addensava nel mio cuore e si trasformava in un fiotto di lacrime. Ma contemporaneamente i miei occhi, sotto il violento imperio dello Spirito, ne riassorbiva il fonte sino a disseccarlo. Fu una lotta penosissima." (Libro IX par.29)

Agostino deve comprimere i sentimenti filiali e mentre si svolgono le pratiche funerarie conversa in maniera disinvolta con gli amici, tanto che costoro "ascoltavano attentamente e pensavano bene che non provassi dolore." (Libro IX par.31)

Agostino nasconde il dolore, lo frena, non si sfoga con le lacrime "non alteravo i tratti del viso ma sapevo ben io cosa tenevo compresso nel cuore."

Anche nella fase della sepoltura Agostino non piange: "Alla sepoltura del suo corpo andai e tornai senza piangere. Nemmeno durante le preghiere che spandemmo innanzi a te (Signore) mentre veniva offerto in suo suffragio il sacrificio del nostro riscatto, col cadavere già deposto vicino alla tomba, prima della sepoltura, come vuole l'usanza del luogo, ebbene, nemmeno durante quella preghiera piansi." (Libro IX par.32)

Seguendo l'insegnamento materno Agostino ha imparato la lezione di non manifestare con segni visibili le emozioni interne perché queste sono espressioni del mondo sensibile che ostacolano il potere dello Spirito.

Le lacrime vengono dunque trattenute ed il dolore deve essere affievolito in ogni modo.

Agostino quando torna nella stanza che lo ospita prova anche la tecnica di rilassamento mediante un bagno e quindi va a dormire.

Recitò i versi di un inno del vescovo Ambrogio ma poi ritornò con la mente a sua madre: "Privato di lei così, all'improvviso, mi prese il desiderio di piangere davanti ai tuoi (Signore) occhi su di lei per lei, su di me e per me; lasciai libere le lacrime, che trattenevo, di scorrere a loro piacimento, stendendole sotto il mio cuore come un giaciglio, su cui trovò riposo.

Perché ad ascoltarle c'eri tu (Signore) non un qualsiasi uomo che avrebbe interpretato sdegnosamente il mio compianto." (Libro IX par.33)

Agostino è fortemente condizionato dalla educazione materna di disprezzo della sensibilità umana giudicata contraria alla vita spirituale ed ora, di fronte alla sua attuale debolezza per l'esplosione delle lacrime, si vuole giustificare cioè farsi perdonare da tutti coloro che lo vorranno condannare "se troveranno che ho peccato a piangere mia madre per piccola parte di un'ora".

Dopo molti anni trascorsi da quell'evento Agostino ci fornisce una garbata informazione sulla condotta della madre per la quale rivolge al Signore una filiale preghiera di perdono: "Io per mio conto, ora che il cuore è guarito da quella ferita, ove si poteva condannare la presenza di un affetto carnale, spargo davanti a te, Dio nostro, per quella tua serva un ben altro genere di lacrime: sgorgano da uno spirito sconvolto dalla considerazione dei pericoli cui soggiace ogni anima morente in Adamo." (Libro IX par.34)

La considerazione che Agostino manifesta forse vorrebbe essere la premessa per giustificare i limiti e gli errori commessi da sua madre dei quali non vorrebbe parlare ritenendola anima pura e irreprensibile da ogni punto di vista ma tuttavia, dall'intimo del suo cuore riservatissimo, scaturisce il bisogno di riconoscere qualche peccato essendo anche lei "anima morente in Adamo".

Qualche commentatore contemporaneo scrive: "Molto duro appare l'atteggiamento del figlio preoccupato per i peccati che la madre poteva aver compiuto dopo il battesimo."

In effetti Agostino si dilunga ad invocare Dio chiedendogli la misericordia per la madre come se avesse consapevolezza che questa donna pia e osservante di tutti i precetti religiosi avesse bisogno di una assoluzione a priori per colpe commesse senza essere sottoposta al giudizio secondo giustizia! A che cosa potrebbe riferirsi Agostino?

"Ora ti scongiuro per i peccati di mia madre (…). So che (Cristo) fu misericordioso in ogni suo atto che rimise di cuore i debiti ai propri debitori: dunque rimetti anche tu (Dio) a lei i propri debiti, se mai ne contrasse in tanti anni passati dopo ricevuta l'acqua risanatrice; rimettili, Signore, rimettili, t'imploro, non entrare in giudizio contro di lei.

La misericordia trionfi sulla giustizia. Le tue parole sono veritiere e tu hai promesso misericordia ai misericordiosi." (Libro IX par.35)

L'implorazione accorata, insistente che sgorga dalla pietà di un figlio sofferente e buono ritorna ancora nel paragrafo successivo: "Credo che tu abbia già fatto quanto ti chiedo. Pure gradisci Signore la volontaria offerta della mia bocca (…).

Nessuna la strappi alla tua protezione, non si frapponga tra voi né con la forza né con l'astuzia il leone e il dragone.

Ella non risponderà – Nulla devo – per timore di essere confutata e assegnata ad un inquisitore scaltro.

Risponderà però che i suoi debiti le furono rimessi da Colui cui nessuno potrà restituire quanto restituì per noi senza nulla dovere." (Libro IX par.36)

Agostino ha il pudore di non indicare alcuna forma di peccato di sua madre, indica piuttosto i tantissimi meriti sufficienti a far muovere la Misericordia Divina.

Ripercorre l'itinerario di vita della madre e sottolinea i tanti sacrifici della vita matrimoniale nel tentativo di rendere più dolce il rapporto con suo marito Patrizio, uomo rude e violento.

"Giunta in età matura per le nozze fu consegnata a un marito che servì come un padrone.

Si adoperò per guadagnarlo a te (Signore) parlandogli di te attraverso le virtù di cui la facevi bella e con cui le meritai il suo affetto rispettoso e ammirato.

Tollerò gli oltraggi al letto coniugale in modo tale da non avere il minimo litigio per essi col marito.

Aspettava la tua misericordia che scendendo su di lui desse insieme alla fede la castità.

Era del resto un uomo singolarmente affettuoso, ma altrettanto facile all'ira e mia madre aveva imparato a non resistergli nei momenti di collera, non dico con atti ma neppure a parole." (Libro IX par.19)

Indubbiamente questo racconto del rapporto coniugale dei suoi genitori stimola qualche considerazione e perplessità.

Agostino parla di rapporti sessuali come di "oltraggi al letto coniugale". È lecito chiedersi come mai Agostino potesse classificare i rapporti sessuali tra coniugi come oltraggi: viene il dubbio che sia stata la stessa madre a parlarne in quei termini, suscitando pertanto il disprezzo del figlio nei confronto del padre accentuando, senza volerlo, il conflitto edipico che Agostino sicuramente stava vivendo!

L'acquiescenza benevola e passiva di Monica nei confronti di Patrizio, nasceva dunque da paura e forse disprezzo per l'uomo che sperava di addomesticare con le preghiere e la supina accettazione di ogni forma di oltraggio sia sessuale che verbale.

Non è irriverente notare che Monica si servisse della religione a scopo strumentale infatti, scrive Agostino che la madre pregava il Signore affinché con la sua misericordia desse a Patrizio non solo la fede ma anche la "castità".

Quale dovesse essere il riverbero educativo di questo clima emotivo sull'animo del sensibile piccolo Agostino è facilmente immaginabile.

In primo luogo un profondo desiderio di protezione nei confronti della madre; poi un dialettico, intimo, sofferto conflitto interiore tra il bisogno di identificazione con il modello maschile paterno e la repulsione e condanna del modello stesso.

Ovviamente il conflitto avrebbe provocato una futura sofferenza quando si fosse maturato il suo stesso bisogno sessuale, provocando disorientamento nella relazione di Agostino con il sesso femminile.

Non si esclude inoltre un'altra conseguenza di questa relazione coniugale, che ebbe effetti non sempre positivi sull'anima di Agostino, cioè l'attaccamento morboso patologico di Monica per il figlio che condizionò in ogni forma di vita e di scelta affettiva.

La dolcezza e la bontà di Agostino riuscirono ad edulcorare in ogni modo gli errori educativi della madre fino al punto di fargli rinunciare al suo naturale diritto a vivere serenamente l'esperienza di padre e di marito con una donna che non aveva formalmente sposato ma sempre amato.

La rinuncia fu così radicale da spingerlo all'accettazione di una forma di vita di disprezzo dell'affettività e dei normali e quotidiani piaceri della "carne" ritenendoli contrastanti con il desiderio di vivere le gioie dello Spirito e meritare l'ascesa mistica.

Queste scelte di sacrificio e di rinuncia estrema avranno dei costi che saranno pagati con sensi di colpa e desideri di espiazione fino alla mortificazione di ogni normalissimo desiderio espresso dai cinque sensi, come scriverà nel libro delle "Confessioni".

Nonostante tutto questo, Agostino vorrà lasciare testimonianza di amore e perdono per i suoi genitori per i quali invoca la Misericordia Divina e il rispetto dei vivi.

"Sia dunque in pace (Monica) col suo uomo, prima del quale e dopo il quale non fu sposa d'altri, che servì offrendoti il frutto della sua pazienza per guadagnare anche lui (Patrizio) a te.

Ispira, Signore mio e Dio mio, ispira i servi tuoi, i fratelli miei, i figli tuoi, i padroni miei che servo col cuore e la voce e gli scritti, affinché quanti leggono queste parole si ricordino davanti al tuo altare di Monica, tua serva, e di Patrizio, già suo marito, mediante la cui carne mi introducesti in questa vita, non so come (…)

Così l'estrema invocazione che mi rivolse mia madre sarà soddisfatta, con le orazioni di molti più abbondantemente delle mie confessioni che delle mie orazioni (Libro IX par.37)

Fino in fondo sarà rispettoso dei desideri della madre, Agostino ricorda ancora le ultime volontà di Monica:

"Seppellite questo corpo dove che sia, senza darvene pena. Di una sola cosa vi prego: ricordatevi di me, dovunque siate, innanzi all'altare del Signore." (Libro IX paragrafo 27)

CONCLUSIONI

Agostino, stanco delle esperienze del mondo, lacerato dalle delusioni degli affetti, disorientato per l'improvvisa morte della madre, preoccupato per il destino del figlio Adeodato, ha dentro di sé il fulgido esempio di fede e di coraggio civile del grande Ambrogio ed è deciso ad imitare il modello di vita ascetica dell'anacoreta Antonio Egiziano sull'esempio del racconto di Ponticiano.

Dopo la cerimonia funebre ritorna in Africa, nella sua città di Tagaste.

Fonda una piccola comunità di seguaci con i quali vivere secondo il modello della comunione dei beni materiali da mettere a disposizione di tutti e si dedica alla preghiera, alla carità, alla contemplazione ascetica.

Agostino vorrebbe vivere in disparte, nell'eremo di Tagaste, ma i suoi concittadini, affascinati dalla fama della sua saggezza e della santità, lo coinvolgono in molte iniziative.

Nell'anno 389 il sofferente mondo affettivo sarà devastato dall'ennesima sciagura: la morte di suo figlio Adeodato.

Come sempre Agostino controllerà la sua emotività convinto che il mondo della carne e degli affetti terreni è solo la palestra per prepararsi alla beatitudine dei Cieli.

In questi termini racconta nelle "Confessioni" l'evento della morte del figlio:

"Prendemmo con noi anche il giovane Adeodato nato dalla mia carne e frutto del mio peccato. Tu bene l'avevi fatto (o Signore). Era appena quindicenne e superava per intelligenza molti importanti e dotti personaggi (…). Presto hai sottratto la sua vita alla terra e il mio ricordo di lui è tanto più franco in quanto non ho più nulla da temere per la sua fanciullezza, per l'adolescenza e l'intera sua vita." (Libro IX par.14)

In quella espressione "non ho più nulla da temere" traspare una forma di liberazione da un'ansia per l'incerto destino del figlio che lo riteneva il frutto del suo peccato.

Questa sensazione di liberazione non deve suscitare meraviglia perché Agostino era completamente proiettato verso la meta del Regno dei Cieli che poteva essere raggiunta comprimendo totalmente il mondo degli affetti terreni e financo di tutte le percezioni piacevoli o normali che derivavano dal soddisfacimento e godimento di ogni forma di sensazione derivante dai cinque sensi.

L'analisi di queste percezioni sensoriali sarà il frutto del lavoro del X libro nel quale si rammarica di provare qualche piacere nonostante la condanna e la ferma intenzione di privarsi di tutte le seduzioni provenienti dal piacere dei sensi.

Il rammarico più profondo lo confesserà a proposito della seduzione del sesso che, represso durante il giorno, si fa impellente e incontrollabile durante il sonno:

"Sopravvivono però nella mia memoria (…) le immagini di questi diletti che vi ha impresso la consuetudine.

Vi scorrazzano fievoli mentre sono desto, però durante il sonno non solo suscitano piaceri, ma addirittura consenso a qualcosa di simile all'atto stesso.

L'illusione di questa immagine nella mia anima è così potente sulla mia carne che false visioni mi inducono nel sonno ad atti cui mi induce la realtà nella veglia." (Libro X par.41)

Agostino che scrive queste cose nelle "Confessioni" nel periodo 397/400 quando dunque era stato consacrato sacerdote, ci dice la sua grande sofferenza e incapacità a controllare completamente quegli impulsi e quei desideri della carne che riteneva ostacoli alla ascesa al "Regno dei Cieli".

Alla morte di suo figlio non vuole più restare a Tagaste. Nel 391 si trasferì nella città di Ippona dove voleva fondare un cenobio per vivere nella frugalità, nella preghiera e nella penitenza e chiedere il perdono al Signore invocando la sua Misericordia.

Non ci riuscì!

La Provvidenza divina aveva deciso per lui un altro itinerario.

Suo malgrado si trovò proiettato nelle problematiche teologiche della Chiesa per confutazioni delle tesi di sette eretiche, per interpretazioni filosofiche e teologiche svolgendo poi intensa attività pastorale sia come sacerdote poi come vescovo.

Fu singolare poi la modalità con la quale divenne prima sacerdote poi vescovo di Ippona.

Un giorno si trovò nella basilica di Ippona ad ascoltare la predica del vescovo Valerio. I fedeli presenti conoscevano la fama del monaco Agostino per le doti intellettuali, morali e spirituali. Lo afferrarono materialmente, lo presentarono al vescovo Valerio perché lo consacrasse sacerdote.

Giunse dunque alla funzione di servitore spirituale della popolazione grazie alla insurrezione popolare.

Agostino tentò di opporsi, ma poi si convinse che le Sacre Scritture non chiedevano solamente un lavoro esegetico o una esclusiva meditazione personale per l'ascesi mistica ma anche l'opera di apostolato, diffusione del verbo e ammaestramento dottrinale per la popolazione.

Il tumulto popolare fu interpretato da Agostino come la volontà di Dio.

L'impegno, l'intelligenza, la spiritualità di questo nuovo sacerdote fu tale che nel 396 fu addirittura consacrato vescovo in "coabitazione" eccezionale con il vescovo in carica.

Nella veste di vescovo si dedicò intensamente al ministero della parola predicando il sabato e la domenica e istruendo poi tutti coloro che avrebbero dovuto istruire gli altri.

Agostino avrebbe voluto il silenzio per ritrovare sé stesso, fare i conti con il proprio mondo emotivo e abbandonarsi alla meditazione invocando la Misericordia divina perché gli stendesse con pietà il velo del perdono e dell'oblio e sentirsi finalmente puro e meritevole del Regno dei Cieli dove avrebbe ritrovato il volto benevolo e rassicurante di sua madre Monica.

Il desiderio di Agostino non sarà soddisfatto perché sarà sempre impegnato in attività di esegesi, di confutazioni teologiche, di lotte antiereticali.

Scriverà contro i Manichei, confuterà tesi contro i Pelagiani, contro l'avversario della legge e dei profeti e tanti altri scritti in lotta perenne per dimostrare la falsità delle sette ereticali e la bontà delle tesi cattoliche imitando il suo maestro di esegesi delle Sacre Scritture, cioè Sant'Ambrogio vescovo di Milano, forte dell'insegnamento retorico di Cicerone e dei filosofi della scuola Neoplatonica.

L'attività pastorale, l'intenso studio teologico e filosofico, le tantissime produzioni letterarie per le confutazioni antieretiche lo terranno costantemente impegnato, ma nel cuore di Agostino si nascondeva sempre una preghiera che si legge a conclusione dell'opera delle "Confessioni":

"Signore Dio, poiché tutto ci hai fornito, donaci la pace, la pace del riposo, la pace del sabato, la pace senza tramonto

(…)

Ma il settimo giorno è senza tramonto e non ha occaso.

L'hai santificato per farlo durare eternamente. Il riposo che prendesti al settimo giorno, dopo compiute le tue opere buone assai pur rimanendo in riposo è una predizione che ci fa l'oracolo del tuo libro: noi pure, dopo compiute le nostre opere, buone assai per la tua generosità, nel sabato della vita eterna ci riposeremo in te." (Libro XIII par.50-51)

L'aspirazione alla pace e alla beatitudine del Regno dei Cieli potrà divenire realtà se ci affideremo alla Misericordia Divina e Agostino, concludendo il suo sofferto viaggio dentro la sua anima, rivolge a Dio l'implorazione: "Chiediamo a te, cerchiamo in te, bussiamo da te.

Così, così otterremo, così troveremo, così ci sarà aperto. Amen." (Libro XIII par.53)

Purtroppo per Agostino non ci sarà la pace sulla terra.

Nell'anno 429 i barbari Vandali che si erano stabiliti in Spagna attraversarono lo Stretto di Gibilterra temendo la pressione dei Visigoti che, dopo aver saccheggiato Roma, si spingevano verso i territori spagnoli.

L'avanzata dei Vandali in Africa trovò una qualche resistenza nell'esercito imperiale guidato da Bonifazio.

L'esercito romano venne sconfitto nel 430 e ripiegò nella città di Ippona.

Agostino si illuse di poter frenare l'avanzata dei barbari attraverso la parola e la preghiera. La città fu saccheggiata. Nella notte tra il 28 e il 29 agosto il vescovo Agostino si spense confidando nella Misericordia Divina per raggiungere la pace eterna nell'Unità Divina.

Indice generale